進化する箱
箱の家の20年

難波和彦

TOTO
建築叢書

装幀　中島英樹

はじめに

この20年間、箱の家という住宅のシリーズを設計してきた。箱の家とは特定のコンセプトを決め、それに従って設計した住宅である。そのコンセプトは以下のような4つの条件である。

1. 工業化された部品による構法の標準化によって、コストパフォーマンスの最適化を追求する。
2. 日射や通風などの自然のエネルギーを取り入れながら、省エネルギーで高性能な住宅を実現する。
3. 一室空間化によって、ライフスタイルの変化に適応するフレキシブルな住宅を実現する。
4. 単純でコンパクトな箱型のデザインによって、街並の景観にフィットするサステイナブルな住宅を実現する。

箱の家のシリーズがスタートしたのは1995年である。この住宅シリーズは20年後の2015年には150戸を超え現在も継続している。特定のコンセプトを定め、それに基づいて住宅のシリーズを展開するという住宅の設計の仕方は、最近では極めて珍しいのではないかと思う。本書ではこのような箱の家シリーズが生まれ、それが世の中に受け入れられてシリーズへと展開し、一種の生物のように徐々に多様化し、分化し、進化してきた今日までのプロセスについて詳しく紹介する。

第1章「箱の家の起源」では、箱の家のコンセプトが生まれた背景について明らかにする。箱の家は突然生まれたわけではなく、その背景には僕自身の住体験があり、大学で受けた建築教育や若い時期に携わった実務経験が基礎になっている。その中でも特に大きな影響を受けたふたりの建築家、池辺陽《きよし》とクリストファー・アレグザンダーの建築思想と箱の家の関係についても紹介する。さらに箱の家の前段階となった自邸での住実験や習作的な住宅についても紹介する。

第2章「箱の家の遺伝子」では、まず箱の家の原型である「箱の家００１」が生まれた経緯について紹介する。その上で建築に対する僕の考え方の核心であり、箱の家シリーズの理論的バックボーンでもある「建築の四層構造」の理論について説明する。さらに「建築の四層構造」を箱の家に適用した「箱の家の四層構造」を最もわかりやすい形で証明した事例として「箱の家０２３」を紹介する。

第3章「一室空間住居」では、箱の家のコンセプトの核心である一室空間住居の考え方について検討する。まず一室空間的住居の原型である西欧近代の「始原の小屋」の歴史をたどり、その本質が一室空間にあることを確認する。一室空間は日本の伝統的な住宅の特性でもあるが、それが１９５０年代の戦後モダニズム期以降、社会的な変化とともにどのように変容してきたかをたどる。さらに、日本の住宅供給が戸建て住宅中心となった歴史的経緯についても検討し、３・11以降の「一室空間の小さな家」の可能性についても検討する。

第4章「箱の家の構法」では、箱の家のハード面について紹介する。箱の家は基本的に住宅部品の工業生産化を前提とした住宅であり、当初は在来木造と鉄骨造のふたつのシリーズが別々に展開していた。このふたつのシリーズは「箱の家０２２」において合流するが、そこで構法とエネルギー性能の新しい課題が浮かび上がった。その課題はアルミニウム合金を主構造とする「実験住宅アルミエコハウス」において検証され、エネルギー性能に関する次のステップへと展開していく。その進化の経緯を詳細に紹介する。

第5章「ＭＵＪＩ ＨＯＵＳＥ」では、箱の家のコンセプトを商品化住宅に適用した無印良品の住宅ＭＵＪＩ ＨＯＵＳＥの開発の経緯とその後の展開について紹介する。まず「約束建築」においてクライアントと建築家の関係について検討し、その上で不確定なクライアントを相手にする不確定な商品化住宅であるＭＵＪＩ ＨＯＵＳＥについて紹介する。戦後、多くの建築家が住宅の商品化に携わってきたが、工業生産化だけでなくエネルギー性能、家族形態と生活様式、街並のデザインなどを含めて総合的な提案を行ったのはＭＵＪＩ ＨＯＵＳＥが初めてではないかと思う。ＭＵＪＩ ＨＯＵＳＥの販売を開始したのは２００４年だが、２０１５年までの約10年間に約1、０００戸が建設された。この間の経験から住宅を工業生産化し商品化する際に生じるさまざまな問題点や今後の課題について検討する。

第6章「箱の家の環境制御」では、エコハウスとしての箱の家の基本的な考え方について説明し、これまで室内環境制御の方法が展開してきた経緯について説明する。箱の家でエコハウスの条件を追求する理由は、省エネルギー化と快適性の追求という条件だけでなく、これまであまり顧みられることがなかったエネルギーの問題を設計条件に取り入れることによって、新しい建築表現に結び付けるためでもある。さらに「箱の家１１２」以降の箱の家において実施した環境性能の実測と、それに続く箱の家への調査結果のフィードバックについても紹介する。建築家は設計段階ではさまざまな目標を立てるが、住宅の完成後にその目標が実現されているかどうかを検証することはほとんどない。こうした調査研究の結果に基づいて提案された箱の家や木造建売住宅の開発についても紹介する。

第7章「3・11以降の箱の家」では、3・11東日本大震災の直後に、迅速な復興を目指して開発した見積書付きの「コンパクト箱の家」や福島県の建築家と協働で実現した横ログ構法による木造仮設住宅群、横ログ構法の展開系として新たに開発した縦ログ構法によって釜石に建設した仮設集会所の「ＫＡＭＡＩＳＨＩの箱」、さらには地場の杉材の利用促進を目指して耐震性と耐火性の大臣認定を得た縦ログ構法の開発の経緯と、それを用いた復興住宅の提案などを紹介する。

第8章「箱の建築」では、箱の家のコンセプトを住宅以外の建築に適用した箱の建築の事例を紹介する。まず一室空間と箱のコンセプトが箱の家以前の僕の仕事のなかで無意識のうちに醸成され、徐々に意識化され、方法化されてきた経緯を振り返る。そして「建築の四層構造」に基づく構造と構法、エネルギー制御、一室空間、箱型のデザインというコンセプトは住宅だけでなく、図書館、幼稚園、工場、消防署などさまざまなビルディングタイプにも適用可能であることを実証する。これによって箱と一室空間という考え方が僕の建築観の基本を支えているコンセプトであることを明らかにしてみたい。

終章「箱の家の未来」では、現在も継続している箱の家シリーズの今後の課題について検討する。箱の家の基本条件は工業生産化である。建築材料や設備レベルの工業生産化はほぼ完了しているが、組み立てと構法についてはこれからの課題である。箱の家の集合住宅は数少ないが、集合住宅への展開は開発当初からの重要な目標である。今後、主要な建設ジャンルになることは間違いないリノベーションやコンバージョンへの適用も重要な課題である。箱の家の一室空間での生活が身体化され一種のアフォーダンスとなった時、住み手はどのような空間感覚をもつようになるか、あるいは一室空間的な住居において住み手の快適性はどのように変化するかという生態学的な影響も興味深いテーマである。

箱の家は「箱の家１５０」に到達するまでに20年を要した。箱の家は今後もさらに進化する潜在的な可能性をもっていると考えている。その可能性を明らかにし、その進化にドライブを駆け、「箱の家２００」を目指して展開させるために、本書をまとめることにしたのである。

大学に研究室をもっていた頃から、留学生や海外の住宅のデベロッパーから、箱の家に関する多くの問い合わせが届くようになった。ヨーロッパやアメリカは主に美術館や大学からだが、中国、韓国、台湾、東南アジアは、住宅デベロッパー、大学の教員、大学院生からの問い合わせが多い。シンガポールやタイからは直接見学に訪れたこともある。その情報源は２００１年にギャラリー・間で開催した展覧会『「箱」の構築』のカタログである。そこには箱の家の展開に関する英文の短い説明文が掲載されている。そのような人たちに対して、本書のレジュメだけでも英文で提供したいと考えた。

PREFACE

I have been working on BOXHOUSE Series for 20 years. BOXHOUSE is the house designed according to the specific concept. The concept is based on the following the 4 conditions.
1. Pursuing the optimized cost-performance by standardizing the construction methods with industrialized parts and devices.
2. Achieving the energy-saving and high-performance housing by taking in the natural energy. Such as solar radiation and ventilation.
3. Achieving the flexible housing that adjusts to family and lifestyle changes by one-room-house.
4. Achieving the sustainable housing that fits to the townscape by the simple and compact box-shaped design.
BOXHOUSE Series started in 1995 and after 20 years in 2015 the number of the houses came up to 150 and this series is still continuing presently.

I guess there are very few architects who chose the way of designing a house according to the specific conditions nowadays. This book shows the process of designing the BOXHOUSE Series. As it was well received by the clients, it deployed into the BOXHOUSE Series and it became multifaceted, differentiated, and advanced like the biological evolution.

“The first chapter” The Origin of the BOXHOUSE shows the background of the process that led to the birth of the BOXHOUSE concepts. BOXHOUSE is not created all of a sudden. There is my personal living experience in the background, and also, architectural education that I had at the university and business experience during my youth forms an important foundation. Among the architects, I was deeply affected by my Master, Kiyoshi Ikebe and Christopher Alexander. This chapter also shows the relation between two architects’ architectural philosophy and the BOXHOUSE, about the living experiment at my own house which is the preliminary step towards the BOXHOUSE, and other previous studies for housings.

“The second chapter” The Gene of BOXHOUSE shows how the archetype of the BOXHOUSE series---BOXHOUSE 001 was created and explains the theory of The Four Layers of Architecture which is not only the core concept of my architectural philosophy but also the theoretical backbone of BOXHOUSE series.
Furthermore, this chapter explains “The Four Layers of BOXHOUSE”, applying the theory of “The Four Layers of Architecture” to the BOXHOUSE series , and show BOXHOUSE 023 as a case that proves the theory in the most understandable way.

“In chapter three” One-room House, I consider the way of thinking of one-room house, the core of the BOXHOUSE concept. By looking back through the history of the Primitive Hut, the prototype of the one-room house in modern Western Europe, confirm its essence is in the one-room house.
Although the One room concept is one of the unique identities for the traditional Japanese housing, we follow how it varied with the social changes since the postwar modernism of the 1950s onward. And also I consider the historical paths of how and why the detached house became the central aspect of the Japanese housing supply, and the possibility of the small one-room house after 3.11 Tohoku TSUNAMI disaster.

“Chapter 4” Construction Method of the BOXHOUSE shows the hardware aspects of the BOXHOUSE. BOXHOUSE is the house fundamentally based on the industrialized production of housing components and in the earliest years, two series, conventional timber-frame structure and steel-frame structure, were developing separately. At BOXHOUSE 022 the two series merges but as a result, some challenges of structure method and energy performance had appeared. These were verified by The Experimental Aluminum Eco-house that uses aluminum alloy as the frame structure, and were developed to the next step of energy performance.

“Chapter 5” MUJI HOUSE shows the background of development and subsequent deployments of MUJIRUSHI-RYOHIN’s housing named MUJI HOUSE, the commercialized housing which BOXHOUSE concepts are applied. At first, I consider the relationship between a client and an architect in The Promised Architecture, then I introduce the commercialized housing with uncertain client , MUJIHOUSE.
After the World War II the number of architects engaged in the commercialization of housings but probably MUJI HOUSE is the first one that have a comprehensive approach, not only industrialized production but also energy performance, family patterns, lifestyle, and townscape design. MUJI HOUSE commenced sales in 2004 and over 1,000 housing have been built in 10 years until 2015. From the experience during this period I consider various problems and challenges ahead that causes while industrialized production and commercialize of housings.

“Chapter 6” The Environmental Control of BOXHOUSE shows the basic philosophy of BOXHOUSE as an eco-house and the background of deployment for previous indoor environmental control. Pursuing the terms of eco-house in the BOXHOUSE does not only mean to pursue the energy-saving and comfort, but also in order to lead the new architectural expression by adopting the energy problems to the design phase.

And also I show the actual measurement of environmental performance from the BOXHOUSE since BOXHOUSE 112 and the feedbacks from the results of the survey to the subsequent BOXHOUSE.
Architects sets number of goals at the design stage but only very few of them verify if the goals are achieved after it is built. This chapter shows the development of BOXHOUSE and ready-built timber-frame house based on these considerations.

"In Chapter 7" BOXHOUSE after 3.11 I show Compact BOXHOUSE, the house created with a quotation in order for the speedy recovery soon after the 3.11 — Great North-East Japan Earthquake, The Temporary Timber Housings of the lateral log structure method, which fulfilled in collaboration with the Fukushima architects in KAMAISHI BOX, the temporary small meeting house of vertical log structure method, newly developed as a developed construction method of lateral log structure, which was built at the public park in Kamaishi city in Iwate prefecture. And I show the background of the development of vertical log structure method, which got the ministerial certification for the earthquake and fire resistance, and proposals for the reconstruction housings using this structure method, with the goal for the promotion of utilization of local Japanese cedar.

"In Chapter 8" BOX-ARCHITECTURE I show the several architectures that I designed unconsciously according to the concept of One-room and Box before BOXHOUSE. And after that I introduce the case studies of BOX-ARCHITECTURE that is the architecture other than housing which is applying the BOXHOUSE concepts. These case studies proves that the concepts based on The Four Layers of Architecture as the construction method, energy control, one-room architecture, and box-shaped design are able to apply to various kinds of building-type such as not only housings but also a library, infant school, factory, fire station and so on. From these case studies, I want to verify that the philosophy of the box-shape and one room is the basic concept of my principle of architecture.

"In The Last Capter" The Future of BOXHOUSE I consider the challenges ahead of BOXHOUSE series that is continuing presently. The basic condition of BOXHOUSE is industrialized production. The industrialized production is almost completed at the level of construction materials and facilities, but in the assembly system and construction methods is still in challenges ahead. Yet the housing complex of BOXHOUSE is very few in number, deploying to the housing complex is an important goal from the beginning of this development. Also the deployment to the renovation and conversion, surely the future main construction genre, is an important challenge. The ecological effects is also an interesting theme like when the life in one-room house integrated with the body and become an affordance of a kind, what sort of sense of space residences will have or how the comfort of the residences will change in the one-room house.

It took 20 years to reach BOXHOUSE 150. I believe that BOXHOUSE has a potential of further advances. I illustrate the possibility and give momentum to the advance to aim for the deployment to BOXHOUSE 200, I decided to write and edit this book.

目次

第１章　箱の家の起源

1　住まいの原体験

まず初めに箱の家の発想の起源について考えてみよう。僕にとって箱の家はごく自然な発想の産物だから、その起源を明らかにすることは無意識を意識化するような難しさがある。あらためて思い出してみると、僕の無意識の裡にはふたつの住体験と建築家との出会いが刷り込まれていると思う。まず、それを紹介することから始めよう。

最も強く記憶に残っている住体験は、4歳の幼児期から物心がつく18歳までを過ごした古い町家での生活である。この町家は山口県の瀬戸内海に面した柳井という小さな町にあり、現在でも残っている。敷地は江戸時代末期の元禄期に埋め立てられた低地にあり、東西を川に挟まれた長さ約５００ｍの狭い街道（山陽道）に沿って並ぶ南北に細長い短冊状の敷地である。現在ではほとんどの町家が建て替えられてしまい、歯抜け状態になって見る影もない状態になっている。しかし僕が住んでいた頃は入母屋のファサードをもつ妻入の町家が建ち並んでいた。ほとんどの町家が、間口3間（約5・4ｍ）の2階建てで、人が通り抜けできる幅の細いメンテナンス用の通路を挟んで、軒を接するように建ち並んでいた。奥行は18間（約32ｍ）近くあり、1間幅の土間が街道から裏の農道まで貫通していた。玄関に鍵をかける習慣がなかったので、近所の子供たちと互いの家の土間を通り抜けながら遊び回ったことを記憶している。ほとんどの家には街道に面して開放的な見世

（店）があったが、大阪から帰郷した僕の両親は夫婦で法律事務所を営んでいたため、見世は土足の事務所に改造されていた。玄関の土間を抜けると見世の奥に応接間があり、その先には土間に沿って居間と食堂が並んでいた。さらに食堂の奥には坪庭がありそこから光と風が採り入れられていた。坪庭の端には井戸が掘られ、それに接して台所や風呂など水回りの設備が集められていた。土間の床は粘土を敷き固めたような三和土《たたき》で仕上げられていた。風が抜けず一年中ジメジメしていたため、都会育ちの母親は台所を毛嫌いしていた。しかし僕たち子供にとって三和土の床は、釘で絵を描いたりツルツルに磨いて光の反射を競ったりできる楽しい遊び場だった。雨の日には近所の子供たちと台所に集まり土間に水を撒き、磨き上げて遊んだ。台所からさらに奥に進むと汲み取り式の厠と農道に面した農作業用の土間があり、その一角では馬や牛が飼われていた。家畜は家族の一員のように育てられ、僕は祖父に頼まれて毎日世話をさせられた。家畜の土間から外に出ると東西に伸びる農道があり、農道に沿って細い水路が通っていた。農道の先には広大な水田が広がっていた。水田の彼方には山陽本線が通り貨物列車が通るたびに地面と建物がかすかに揺れた。この地域一帯が埋立地だったためである。僕は小学生の高学年から高校生になるまで町家の裏に広がる祖父の水田で、都会育ちの母の代理として農作業を手伝った。真夏の草取りや害虫除去のための農薬の散布は重労働だった。農作業用の小屋には牛や馬だけでなく鶏や山羊や猫や犬が飼われ、その世話も僕の仕事だった。毎朝、鶏小屋の清掃と卵を集める仕事を任され、祖母が近所に売り捌いていた。祖父は毎年末に近所の家から餅米を集めて餅つきを代行していた。早朝の4時から夕方まで蒸籠で餅米を蒸し餅つきを行った。この作業の手伝いも僕の仕事だった。祖父の兄弟が近所で土木建設業を営んでいたので忙しい時期には駆り出され、大工や壁の土塗りを手伝ったこともある。その頃に建築への興味が芽生えたのかもしれない。

　町家での日常生活はほとんど1階で営まれ、2階は仏間や客間として使われていた。幼い子供にとって2階は謎めいた非日常的な空間だった。僕は3人兄弟の長男で幼い頃は1階の居間に一家で雑魚寝していたが、中学に入ったとき街道に面した2階の和室を勉強部屋として与えられた。その和室は1階の台所や食堂から最も遠い位置にあり、階段は土間から直接上がっていた。1、2階とも間仕切りはすべて障子と襖で視覚的には切り離されていたが、欄間で音は筒抜けなので、プライバシーはあってないような状態だった。それでも生活に不都合を感じたことはなかった。北側のガラス戸から見下ろす街道の人びとの往来や対面する町家の屋根越しに臨む山並みは、一日中眺めていても飽きることがなかった、受験勉強で徹夜が続いた夜には朦朧とした意識で夜空を駆ける群馬の姿を何度も見た。その幻影は今でも脳裏に焼き付いている。

　奥行が深く東西を壁で挟まれた部屋はすべて畳敷きで、奥に行くと薄暗かった。階段は急勾配で照明がなく、1階のトイレまではかなりの距離があったので夜は不気味だった。天井が高く薄暗い部屋、わずかな光を通す細かな欄間格子、不気味な模様の欅板の竿縁天井、黒光りする銘木の床柱、階段とトイレを結ぶ薄暗い廊下といった情景は今でも時折夢に出てくるほど記憶に染み込んでいる。後に谷崎潤一郎の『陰翳礼讃』を読んだ際には、まるで僕が住んだ町家の空間を描いているように感じた。この町家で幼い時期を過ごすことを通じて、僕は建具だけで仕切られた一室空間的な住宅でも何の抵抗もなく住みこなせることを学んだような気がする。間口の狭い細長い建物と薄暗い空間に対する僕の好みは、当時のこうした住体験に起因するのかもしれない。

東京で設計事務所を開いたとき、両親はこの町家を建て替える仕事を僕に依頼した。しかしながら僕は街道に面したファサードと前半分の比較的新しい部分を保存するように説得した。そして坪庭に面した最も古くて雨漏りが激しい部分だけを建て替え、そこに2層の吹き抜け空間を差し込むことによって光と風を取り込むリノベーションを提案した。それが「柳井の町家」である（図1-1〜5）。このとき吹き抜けの空間が豊かな光と風を取り入れ、それまで分離していた1階と2階を結び付け一室空間性を強化することを実感した。同時に吹き抜けの空間では、冬季の空気による暖房はほとんど効果がなく床暖房が不可欠であることを学んだ。暖気を下に吹き降ろすために天井扇を付けたが、これは冬季にはあまり効果はなかった。天井扇はむしろ夏季の上下温度分布の均一化に有効であることが分かった。断熱性能を上げて暖冷房を効率化する場合には、壁内や床下の結露に十分注意しなければならないことを学んだのも、このリノベーションを通してである。数年後に床暖房を入れるためのリノベーションを行った際に壁の仕上げを取り替えたが、室内側に防湿

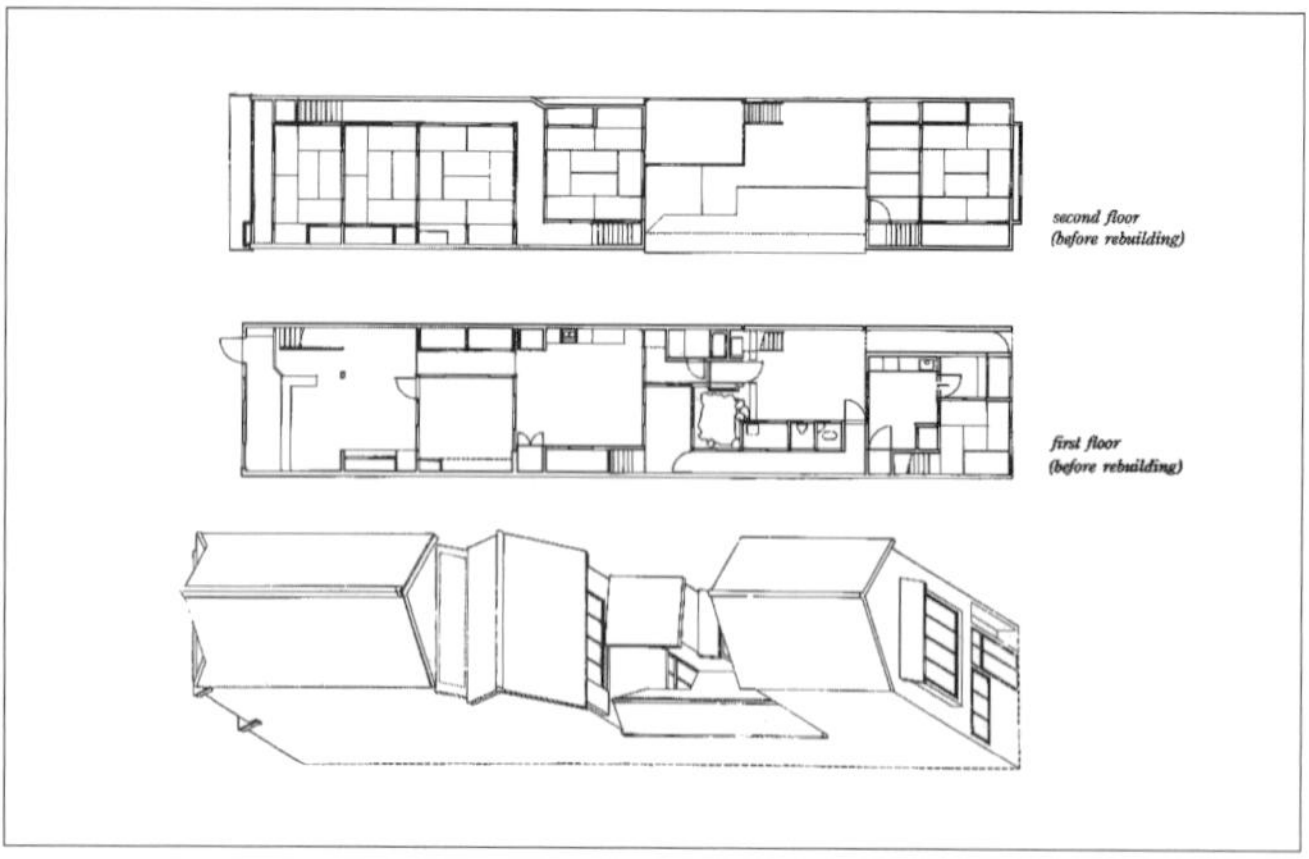

図1-1　「柳井の町家」平面図(改修前)

図1-2　「柳井の町家」正面(改修後)

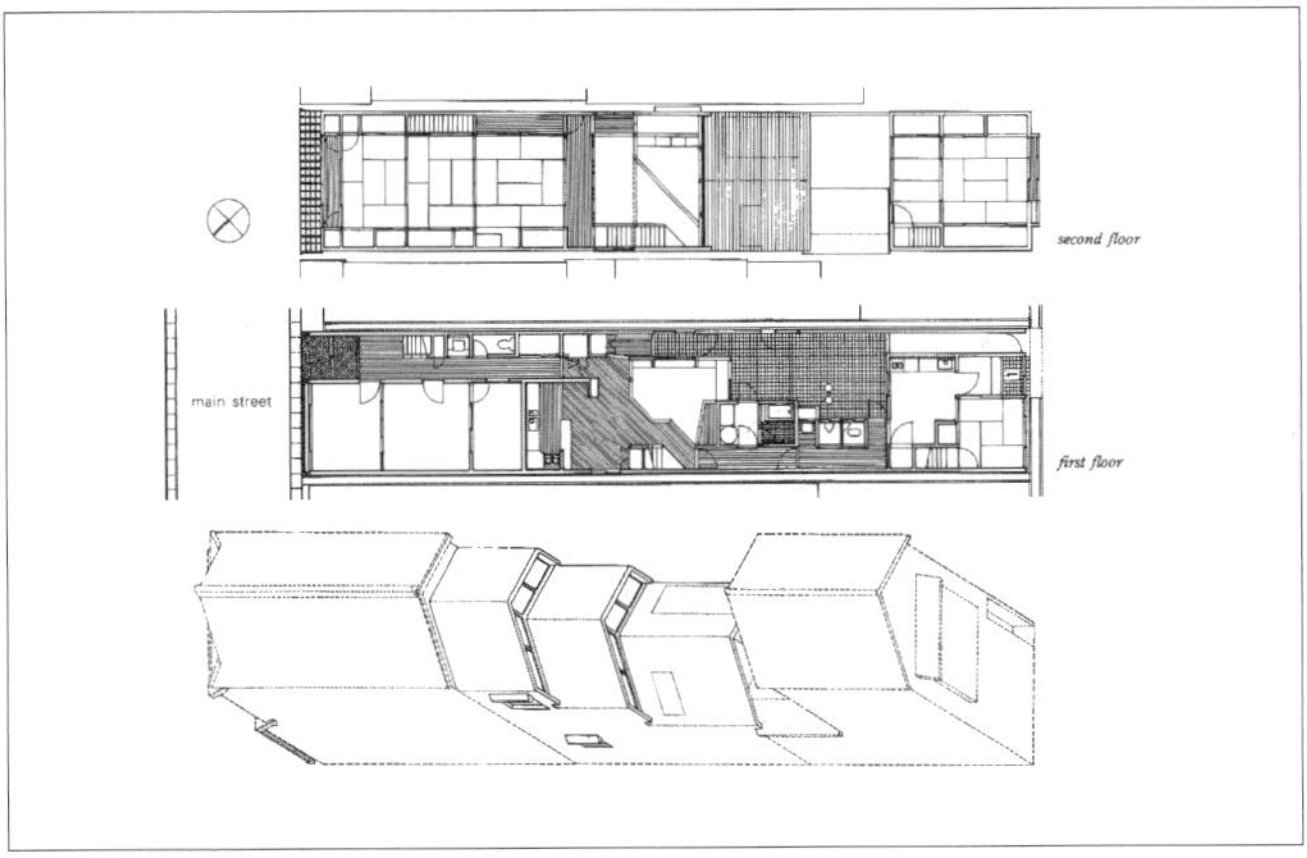

図1-3 「柳井の町家」平面図(改修後)

図1-4 「柳井の町家」外観

図1-5 「柳井の町家」内観

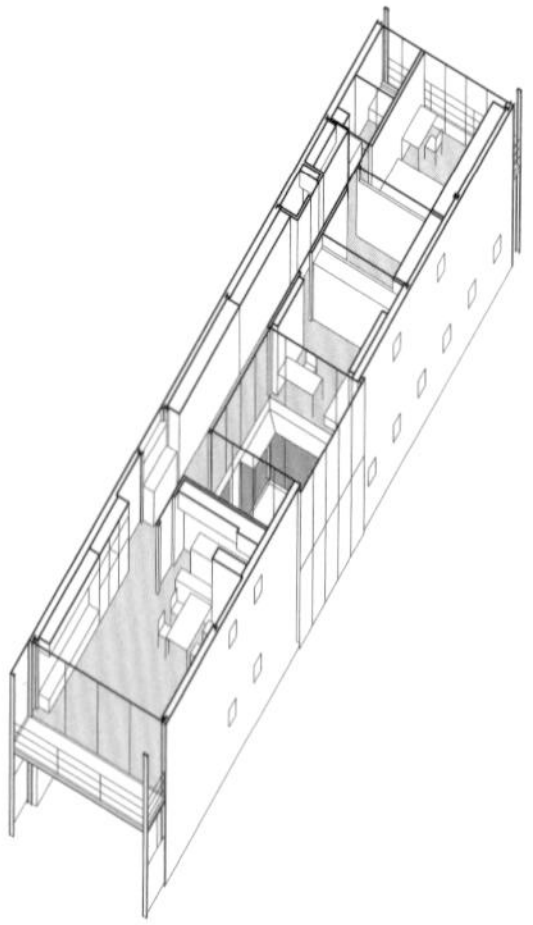

図1-6 「箱の家112」アクソメ図

シートを貼っていたにもかかわらず壁に充填したグラスウールが結露水で水浸しになり床近くまでずり下がっていた。外壁下地に耐力壁として張った構造用合板が結露水を室内側に封じ込めたためである。同じような原因で床下のグラスウールも結露水でぐっしょりと濡れていた。光、風、熱の条件が建築を変える可能性があることを直感したのは、このリノベーションを通してである。

20年後に自邸＋アトリエの「箱の家１１２」（図１-６）を設計したが、東京には珍しく間口が狭く南北に細長い敷地だったせいもあり、町家のような住宅になった。僕自身はまったく意識していなかったが、完成した住宅を見た若い建築家に「柳井の町家と同じプランですね」と指摘されて驚愕した。僕にとって「柳井の町家」

は無意識のうちに細長い敷地に対する原型的パターンになっていたのである。

2　池辺陽

2番目に大きな影響を受けたのは、建築を学ぶようになってから出会ったふたりの建築家からである。ひとりは大学院時代の恩師である池辺陽《きよし》であり、もうひとりは『形の合成に関するノート』の著者であり『パタン・ランゲージ』の考案者であるクリストファー・アレグザンダーである。

僕は高校3年の18歳まで柳井の町家に住み、１９６５年4月に東京大学理科一類に入学した。2年までは駒場キャンパスにある教養学部で学び、2年後期に進路振り分けによって建築学科に進学した。同級生の多くは、64年に開催された東京オリンピックの「代々木国立競技場」（設計：丹下健三）を見て建築学科を選んだのだと思う。僕自身はそれ以前に丹下が設計した広島の「平和記念資料館」を見たことが建築を志す契機になった。中学生や高校生の頃、何度か広島に行きモニュメンタルなこの建築に度肝を抜かれたからである。駒場で半年間の準備トレーニングを行った後、67年4月に駒場の教養学部から本郷キャンパスの建築学科へ移った。3年の1年間は建築学科で通常のカリキュラムを学習した。通常は3年から4年までの2年間を専門学科で学ぶことになっているが、4年に進学した直後の68年5月に大学紛争が勃発し、建築学科の校舎はロックアウトされ授業は開かれなくなった。2年までの教養学部は一般教養講義が中心だから、建築学科の専門的な講義や演習を受けたのは実質的に1年にすぎなかった。卒業論文の指導研究室は4年に進学した時点で決まってはいたが、紛争中は指導教官が研究室に不在だったためほとんど自分ひとりでまとめることになった。卒業設計は形式だけの図面提出で済まされた。大学を卒業したのは大学紛争のために入学試験が行われなかった１９６９年の6月である。大学院に進学しようと考えたのは、学部ではまったく建築を学ぶことができなかったので、もう一度勉強し直そうと考えたからである。いわゆるモラトリアムだと言ってもよい。親に頼らなくても授業料や生活費はアルバイトと奨学金でなんとか賄える見通しがあった。紛争中に行われた大学院の入試は簡単な筆記試験と面接だけだった。池辺が出した問題は「屋根とは何か」という論文だったことを記憶している。建築を勉強する時間さえ確保できれば所属する研究室はどこでもよかったが、東京大学生産技術研究所（通称：生研）の池辺陽研究室に所属が決まった時には少々狼狽した。生研は本郷キャンパスではなく六本木にあったし、実を言えばそれまで池辺陽という建築家の存在をまったく知らなかったからである。

当時、池辺研究室では住宅の設計以外にさまざまな研究を進めていた。僕は住宅設計だけでなく建築のテクノロジーに関する研究にも参加した。修士と博士の課程を過ごした60年代末期から70年代初期にかけては池辺研究室の活動が最も充実していた時期だった。研究室は大学院生、研究生、留学生、社会人大学院生など多種多様な人種20人以上のメンバーでひしめき合っていた。複数の住宅設計と鹿児島内之浦にある東大宇宙航空研究所ロケット発射場の設計が並行して進んでいた。さらに民間企業や公共機関からは複数の研究開発が委託されていた。その中には研究と開発が一体となった実験的な集合住宅プロジェクトも含まれていた。池辺研究室の中心テーマは住宅生産の工業化だったので、すべての研究はあらかじめ実験的なテーマを立て、実際の設計やプロジェクトを通じてそれを検証するという仮説検証のプロセスによって進められていた。さらに池辺自身は研究室での研究・設計活動の他に、研究室の外部に「環境と工業を結ぶ会」（ＤＮＩＡＳ：Design Network in Industrial Age for Space）という研究体を組織し、幅広い活動を展開していた。ＤＮＩＡＳとはその名が示す通り、工業化社会における新しいデザインのあり方の多面的研究を目的としたクリエーターや研究者の緩やかなネットワークである。メンバーには大学の研究者だけでなく、民間企業のエンジニア、アーティスト、詩人、小説家など、多種多様な人びとが含まれていた。僕はアルバイトでＤＮＩＡＳの事務局を務め、毎月のように開催される研究会の運営、展覧会、行事の企画と運営を担当した。この仕事は徹夜続きの日があるくらい大変だったが、これを通して僕は池辺の視野の広さと思想の深さに参ってしまった。何日も研究室に泊まり込み池辺研究室の資料を読み耽ったことがある。要するに生まれて初めて尊敬すべき人物に出会ったのである。池辺は58歳という若さで亡くなったが、僕はその後も池辺が残したさまざまな資料を調査し研究することによっ

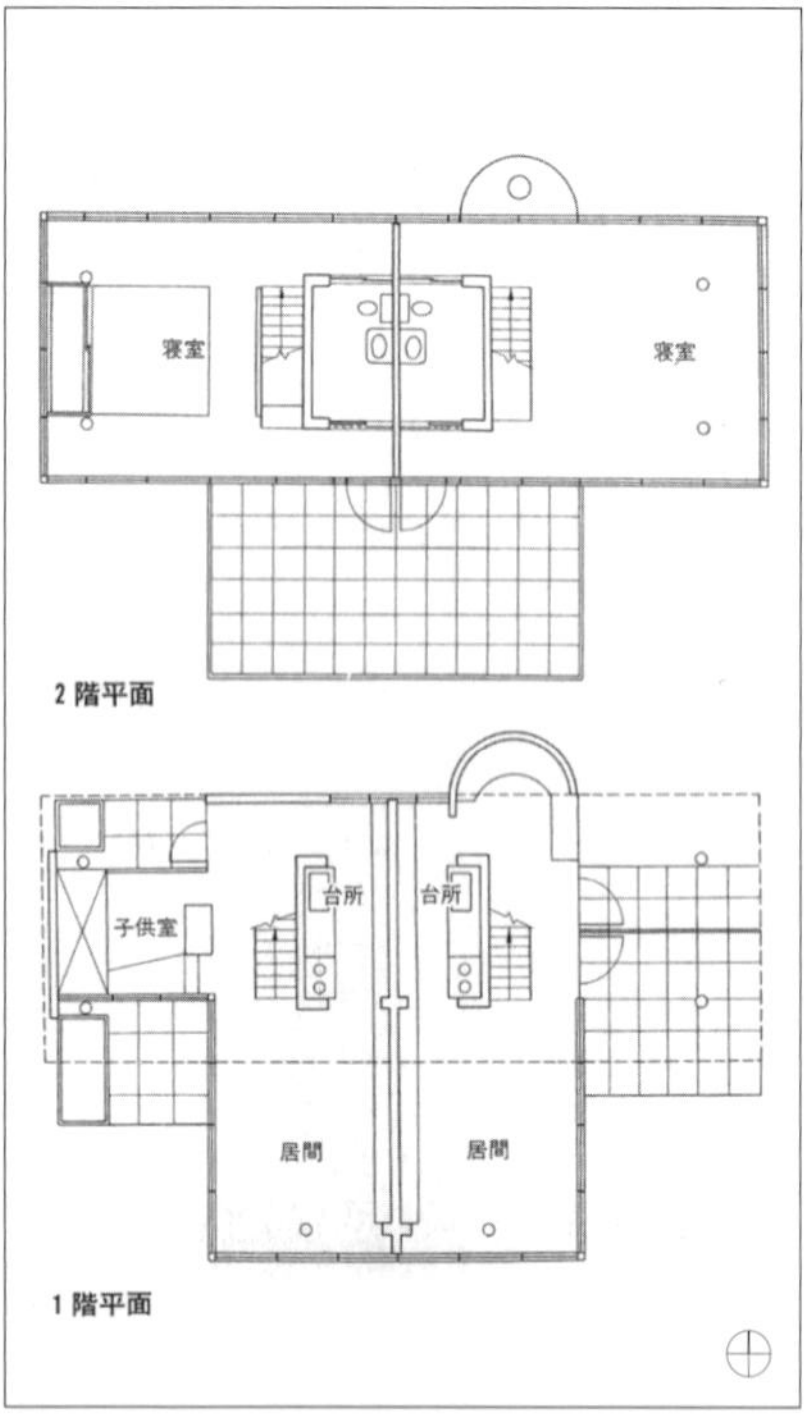

図1-7 「住宅 No.17」(池辺陽)平面図

図1-8 「住宅 No.17」外観

て、死の20年後に池辺の評伝『池辺陽試論——戦後モダニズムの極北』（彰国社、１９９９）をまとめた。

池辺は、正月や入学式・修了式などの行事があるたびに、研究室メンバーやＯＢ、ＯＧを自邸に招いてくれた。池辺は生涯に約１００戸近い実験的な住宅を設計し通し番号で呼んでいたが、自邸は「住宅№17」（図1-7～8）だった。当時としては新しいＲＣ造の２階建ての２戸連続住宅で、構造体を兼ねたセンターコアの1階に台所、２階にトイレと浴室を配置したプランで、トイレや浴室にもドアはなく、寝室や子供室は家具で間仕切っただけの一室空間住居だった。池辺の死後、僕はこの住宅のリノベーションを担当することになった。池辺の設計した最も有名な住宅は「立体最小限住居」と名付けられた「住宅№3」（図1-9～10）だが、これも吹き抜けをもつ一室空間住居である。この住宅は１９５０年に制定された住宅金融公庫制度を利用して建てられた。僕は池辺晩年の住宅である「住宅№92」（図1-11）や「住宅№94」（1-12）の設計を担当した。これらの住宅も規模は大きいが基本的に可動家具を間仕切りにした一室空間住居である。このような池辺研究室の住宅を通して、僕は一室空間住居のフレキシブルな可能性を学んだ。池辺の住宅の一室空間住居と箱の家のそれには、住宅のあり方に関する共通した考え方がある。僕がその点について気がついたのは、「箱の家００１」が完成した後である。両者の間には日本特有の歴史的背景があるが、この点については第3章「一室空間住居」で詳しく論じるつもりである。

図1-9 「住宅No.3」外観

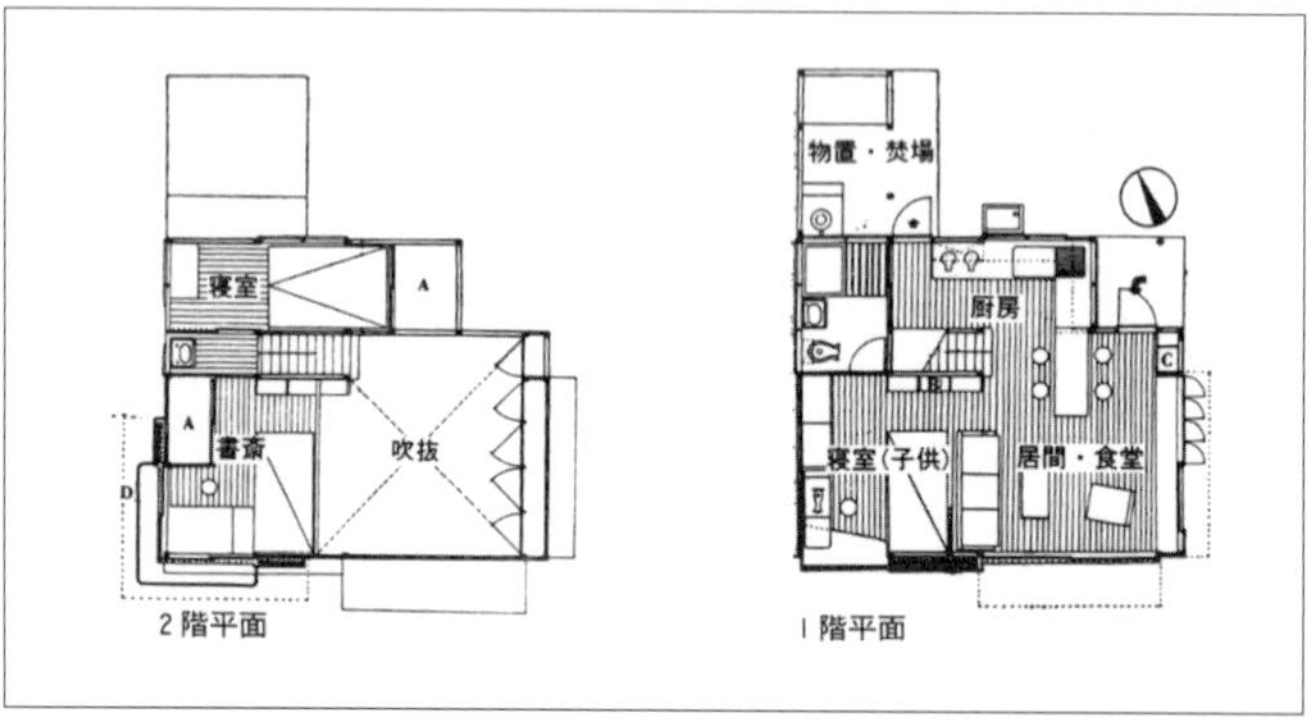

図1-10 「住宅No.3」平面図

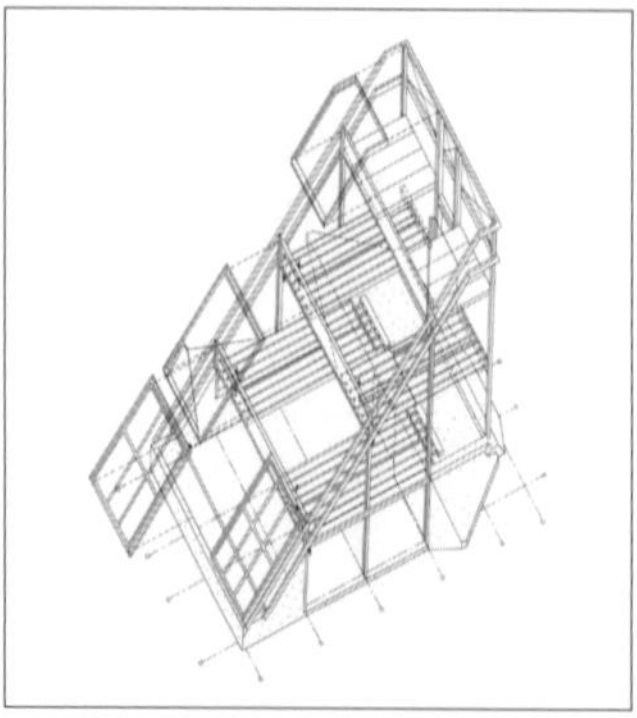

図1-12 「住宅No.94」全体アクソメ図

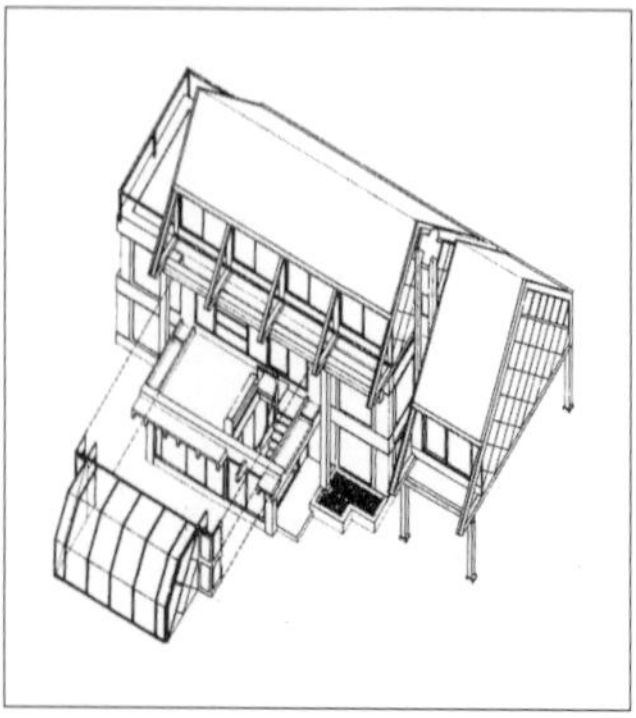

図1-11 「住宅No.92」全体アクソメ図

住宅生産の工業化の歴史的な意義を学んだのも池辺からである。ＤＮＩＡＳの背景には現代のテクノロジーを住宅生産に結び付けるという遠大な目標があった。池辺は常日頃から「工業生産化が最も難しいのは住宅である。住宅生産の工業化がテクノロジーを統合するのだ」と主張していた。畳、障子、土壁などの伝統的な建築材料の素晴らしさについても常に指摘していたが、自らのデザインには決して使おうとはしなかった。その理由は、最初から良いと分かっているものを使うのはクリエーションではなく、伝統的な材料がもっている特性を現代の技術によって達成することが、建築家が目指すべき真のクリエーションだと考えていたからである。箱の家の構法は、池辺のそのようなテクノロジー観をそのまま引き継いでいる。

３　クリストファー・アレグザンダー

もうひとりの建築家クリストファー・アレグザンダーと出会ったのは大学3年の時１９６７年である。同級生の友人がアルバイト先の設計事務所で手に入れた『形の合成に関するノート』（原版１９６４、日本語訳 鹿島出版会、１９７８、２０１３、以下『ノート』）の海賊版の翻訳を回覧してくれた。これはアレグザンダーがハーヴァード大学に提出した博士論文である。その時には中味を吟味することなく、建築設計にコンピューターを導入する新しいデザイン手法という程度の理解だった。具体的な内容を知ったのは、大学院に進んでからである。その後、都市の構造を数学的に分析した論文「都市はツリーではない」（１９６５、日本語訳１９６６『デザイン』、以下「ツリー」）が発表され、建築界に大きな衝撃を与えた。日本でも『ノート』や「ツリー」が評価されて、アレグザンダーは70年大阪万博の展示に招待されたが、その時点で彼はすでに次のステップである『パタン・ランゲージ』（鹿島出版会、１９８４）の研究開発に取り組んでいた。このため万博の展示に彼は研究の途中段階である『人間都市』（別冊『都市住宅』１９７０）を出品し、それを見た多くの建築家が『ノート』や「ツリー」が提示しているアプローチとのあまりの大きな相違に戸惑ったのである。『パタン・ランゲージ』が1冊の本にまとめられるのは１９７７年だが、それ以前にもリマの集合住宅コンペをはじめとするさまざまなプロジェクトやパタン・ランゲージの研究開発の中間報告が何度も公表された。さらにパタン・ランゲージの実践編ともいえる『オレゴン大学の実験』がいち早く１９７５年（翻訳版１９７７）に出版されたので、設計方法に興味のある建築家や学生には広く知られるようになっていた。『パタン・ランゲージ』が出版された時、僕は初めて彼の建築観の全体像を知り、そのヴィジョンの深遠さに舌を巻いた。そしてほぼ同時期に翻訳版が出た『ノート』からのジャンプにも驚愕した。『ノート』や「ツリー」の数学的・演繹的方法に対しては新鮮な驚きを抱いたが、『パタン・ランゲージ』の膨大な調査と情報量に基づく経験的・帰納的方法には有無を言わせない説得力があった。こうして僕はアレグザンダーの一連の仕事に建築と都市の計画学の壮大な集大成を見るようになったのである。

池辺陽が亡くなった１９７９年に僕は糸の切れた凧のような気分に陥ったため、設計事務所を畳んで妻と一緒に世界旅行に出かけた。その途中で訪れたボストンのハーヴァード大学キャンパスの書店で、たまたま出版されたばかりのアレグザンダーの *Timeless Way of Building*（通称『タイムレス』日本版『時を超えた建設の道』、１９９３）を手にした。『パタン・ランゲージ』が膨大な数のパターンを収集した辞書だとすると『タイムレス』はそのパターンを組み合わせて、建築や都市を作るための文法のような内容である。僕はその夜に「目次の要約」を読んで強烈なショックを受けた。その経緯は『建築の四層構造』（ＩＮＡＸ出版、２００９）に詳しく書いている。帰国してすぐに、僕は若い建築家たちに呼びかけて「パタン・ランゲージ研究会」を立ち上げ、アレグザンダーの都市・建築思想に関連する幅広い研究に取り組んだ。１９８０年代に入ってから、アレグザンダーは日本で設計の仕事をすることになる。「盈進《えいしん》学園東野高校キャンパス」である。この時アレグザンダーの魅力に取り憑かれた多くの若い建築家たちがこの仕事のために設立された日本環境構造センターに集まり、アレグザンダーとの協働を始めた。僕の仲間や教え子たちの多くも参加した。しかしながら僕は直接チームには参加せず、ある程度の距離を置きながら、彼らの仕事を支えることにした。仕事が進むにつれて若い建築家たちは徐々にセンターから脱落し始めた。詳しい事情は知る由もないが、おそらくパタン・ランゲージを本格的に実践するための苛酷な仕事に耐えられなかったからだと思う。壮大なビジョンを実現するには生半可な努力では足りない。要するに理論と実践とは根本的に異なるのである。

　池辺陽研究室においても住宅の設計を担当することは生半可な仕事ではなかった。池辺の住宅設計を学びたいがために最初のうちは複数の学生が設計への参加を希望する。しかし設計が進むにつれて毎週開かれる打ち合わせ会議のたびに池辺から設計に必要な条件の調査やスタディを指示され、次の会議までにその結果報告ができないと厳しく叱責される。毎回それを繰り返すにつれて担当者は徐々に減っていき最終的にひとりに絞られていく。設計実務を経験して分かったことは、池辺とアレグザンダーのデザイン・プロセスは大きく異なるが、一般的な設計実務に比べると仕事が格段に厳しい点においては共通しているということである。社会に出たことのない若い建築家や学生にとっては、それが初めての設計経験であれば取り組み方はそこから学ぶしかない。今から振り返ると僕にとって幸運な体験だったとしても、若い建築家たちにとっては耐えられない経験だったのかもしれない。アレグザンダーの場合パタン・ランゲージは建築観そのものに関わるので、通常の設計教育を受けた建築家は建築に対するそれまでの考え方を根幹から転換することを求められる。建築を志す人はエゴ（自我）の強い人が多いが『タイムレス』はエゴを捨てることを求めている。要するにパタン・ランゲージによる設計に参加することは、建築家としての生き方を根本的に変えることなのである。そのハードルを越えることができず若い建築家たちはセンターを去っていった。その結果一級建築士の資格をもった建築家がひとりもいなくなってしまい、結果的にアレグザンダーに頼まれて僕が代理で確認申請手続きを担当することになったのである。

この間に学んだアレグザンダーの思想は今では僕の身体に深く染み込んでいる。ただし建築のテクノロジー観に関してはプレモダンなテクノロジーにこだわっており、僕とは完全に意見を異にしているので建築の具体的表現においてはまったく異なっている。しかし空間構成のあり方については共有する点が多い。設計プロセスにおいては部分を集合させるのではなく全体から部分へと進むプロセス、つまり部分の「集積」ではなく全体の「分化」という方法を学んだのは『タイムレス』からである。この方法は僕のデザインの根幹を成している。現在ではパタン・ランゲージを無意識に駆使できるようになった。箱の家はもちろんだがＭＵＪＩ ＨＯＵＳＥにもパタン・ランゲージが埋め込まれている。

4　一室空間住居の予備実験：自邸とＮ邸

３番目は僕自身が設計した住宅での実験的な住体験である。僕は１９７２年に25歳で結婚したが、学生結婚だった僕たち夫婦に対して義理の父は自邸の一部を夫婦の生活空間に改造するようにアドバイスしてくれた。それは６畳の部屋２室と８畳の部屋が片廊下でつながった、広さ５×

３・５間、約18坪（60㎡）の木造平屋の下屋で東側にあるテラスと庭に開放されていた。僕は主要な柱だけを残して間仕切壁をすべて除去し核家族のための一室空間住居にリノベーションした。西側の両隅に約４・５畳のコーナー、その間に４畳のクローゼット、北の隅に３畳の台所と２畳の浴室＋トイレを置いたドアのない単純明快な一室空間である。ただし僕と妻のプライベートな空間であるふたつのコーナーだけは中央のコモンスペースとの間を厚めのカーテンによって仕切った。その後に娘が生まれ小学校に入学した時、僕のコーナーを娘に明け渡した。そして３人が生活する上での共有ルールを決めた。通常カーテンは開放したままで生活すること。着替えや勉強などプライバシーを守りたい時にはカーテンを閉めてよいが、その時は必ず声をかけるかノックをしてカーテンを開けるというルールである。この住宅には無意識のうちにパタン・ランゲージが組み込まれている。当時はまだ断片をかじっただけだったが、中心的な空間のまわりにアルコーヴを配するという空間構成はパタン・ランゲージの中でも核心的なパターンである。

　この一室空間住居で僕たち家族３人は約25年間暮らした。僕と妻は当然だが世代の異なる娘の興味も僕たち夫婦とは異なる。娘が大学に入ってからは専門や趣味だけでなく生活時間が異なる３人が一室空間住居でどのように暮らすかが課題になった。空間的には３人がそれぞれ自分のテリトリーをもつことが必要であることが分かった。この問題は自宅部分のふたつのコーナーをそれぞれ妻と娘に与え、僕は同じ建物の道路側の客間を設計事務所に増改築しそこを仕事場兼書斎とするこ

りがない家族なので、南面開放は優先せずに間口３・６ｍの主屋ゾーンを東西に伸ばし、それに沿って南側に幅１・２ｍの玄関、ポーチ、ギャラリーの動線ゾーンを通したストライプ状のプランとした。１階の一番奥の東端に置いた夫婦寝室と浴室以外は完全な一室空間であり、道路と敷地のレベル差を利用した床のレベル差によって心理的に空間を仕切っている。子供室は2階の東端に置き、玄関から子供室に行くまでに一室空間全体を巡るような動線としている。これによって子供が出かけたり帰ったりする際には必ず居間や食堂を通り、家族とのコミュニケーションが自然に醸成される。１・２ｍ幅のゾーンには動線以外に、仏間、アルコーヴ、洗面所、トイレなどが組み込まれている。これによって「大きな空間に付属する小さな空間」というパターンが実現されている。これ以外にもこの住宅には「細長い家」「見え隠れする庭」「入り口での転換」「玄関室」など15以上のパターンが埋め込まれている。この住宅の設計を通して、僕は一室空間住居がパタン・ランゲージと極めて馴染みが良いことを確信したのである。

とはいえこの段階では住宅と街の関係や自然のエネルギーに対する問題意識はまだ明確になっていない。それらの条件が住宅に組み込まれるようになるのは「箱の家００１」においてである。

第2章　箱の家の遺伝子

1 「箱の家００１」の誕生

「箱の家００１」の設計を始めたのは１９９４年の初夏である。クライアントは40歳代半ばのサラリーマンで杉並区に自宅の新築を計画していた。敷地は杉並区の閑静な住宅地域にあり、幹線道路から少し外れた一画である。敷地の南側に車の通りの少ない通学用の道路が通り、道路を挟んだ反対側に広大な庭をもつ個人住宅があり緑に溢れていた。近くには小学校があり周辺環境も静かである。敷地形状は正方形に近く申し分のない敷地である。南側の隣家の緑を借景すれば豊かな住空間が演出できるだろう。

敷地条件や家族構成は問題なかったが工事予算が予想以上に厳しかった。それまでに僕はいくつかのローコスト住宅を手がけていたが「箱の家００１」はそれ以上にローコストだった。不可能な予算ではではないが、問題は与えられた予算内で所定の性能が確保できるかどうかである。都市住宅として一定の性能を備えた住宅をつくろうとすればそれなりのコストが必要である。いくつかのローコスト住宅を手がけた経験から、僕は都市住宅としてもつべき性能の最低基準を決めていた。確保すべき性能基準をもつことが建築家としての責任だと考えたからである。その性能基準を達成するにはどのくらいの予算が必要であるかもおおよその単価を試算していた。僕がローコスト住宅の目安として想定した坪単価は最低でも60万円だった。数字だけ見るとこの単価は一般の住宅に比べて高いかもしれない。しかし照明器具、台所設備、空調設備、床暖房などの設備はもちろん、棚、収納、クローゼット、ベッド、食卓などの家具までを含んだ単価である。建売業者やハウスメーカーなどが示している建設単価にはこれらのコストは含まれていない。しかし設備や家具のない住居はありえない。住まいのコストには当然これらのコストも含むべきである。その点を考慮すればこの単価は安いはずである。しかし「箱の家００１」の予算は、それを大幅に下回っていた。

要求条件は親子５人家族の住宅を１，９００万円以内で建てることだった。僕の想定した単価をそのまま当てはめると建設可能な面積は約30坪（約１００㎡）になる。しかし敷地面積は40坪近くあるので、容積率いっぱいまで建てると延べ床面積を40坪として坪単価は50万円以下になる。これでは僕が考える最低の性能基準の確保は難しい。

僕の設計の進め方は徹底してクライアントの要求条件を引き出すことが前提になっている。最初のうちは何度かクライアントに会い、少しずつ要望を聞き出し、その要望を時間をかけて整理することから始める。その間も僕なりにスケッチを続けるが、クライアントにはほとんど見せない。図面を見せると、たとえ大雑把な考え方を示すだけの図面でも、クライアントは細部にまでそれにとらわれ自分の要求条件がその図面に引きずられて他の可能性を考えなくなってしまうからである。だから最初のうちは図面を使わず言葉によって設計を進めるようにしている。言葉ならばクライアントと僕とが対等に議論できるからだ。これはパタン・ランゲージから学んだ方法である。寸法が入った図面を描きはじめるのは、言葉を通して要求条件が整理されクライアントと僕の共通のイメージができてからである。

しかし今回はそのようなやり方は通用しない。そのようなやり方ではさまざまな要望が出てくることになり、与えられた予算内にそれを収めようとすると収拾がつかなくなる。僕の経験ではローコスト住宅を考えているクライアントほど住まいに対する思い入れが大きく、予算と希望条件との落差が大きい。予算に合わせて希望条件を整理するのは建築家の仕事だが、そのためには最低限の性能が達成できる予算が確保されていなければならない。でないと希望条件の優先順位を決定することができない。僕自身にも条件を整理する基準がないからである。

いろいろと考えあぐねた挙句、僕はこれまでのやり方を逆転することにした。つまりクライアントの要望を聞くことから始めるのではなく、与えられた予算内で僕が必要だと考える最低限の性能基準を確保できるような案をつくることから始めるのである。設計条件は予算、敷地、家族構成、必要最低限の性能だけに限定する。クライアントの細かな要望を聞く前にまず実現可能な案をつくり、それをクライアントに提案することから始めるやり方である。与えられた予算内で僕が責任をもって実現できるような案を示すことが建築家としての責任だと考えたわけである。それは苦し紛れの方法だった。今まで経験のないようなローコスト住宅を設計するには、他に方法は考えられなかったのである。

僕がとった方針は、以下の通りである。

1　平面計画をできるだけ単純化し、間仕切りは可能な限り省いた一室空間的な住居とする。

2　構造システムを極力単純化し、構造部材の種類をできるだけ少なくする。

3　シェルター性能を最小コストで確保するため、建物形は単純な箱形とし、階高も最小限に抑える。

4　材料の無駄をなくすため、モデュール寸法を１、８００㎜×９００㎜（尺間法）で統一する。

5　性能に関わる材料は妥協せずベストのものを使い、その種類を最小限に抑える。

6　屋根や外壁にはメンテナンスが簡単で耐久性のある材料を選び、断熱性能は十分に確保する。

7　内装工事は家具を含めて可能な限り大工工事に含み、必要な職種の数を最小限に抑える。

8　生活の中心となる空間は吹き抜けとし、そこには床暖房を組み込む。

9　吹き抜け空間の南側には大きな窓を取り付け、それ以外の窓は最小限の大きさに抑える。

10　夏と冬の太陽の日射角に合わせて、南面に深い庇を取り付け、日射や通風の自然エネルギーを可能な限り利用する。

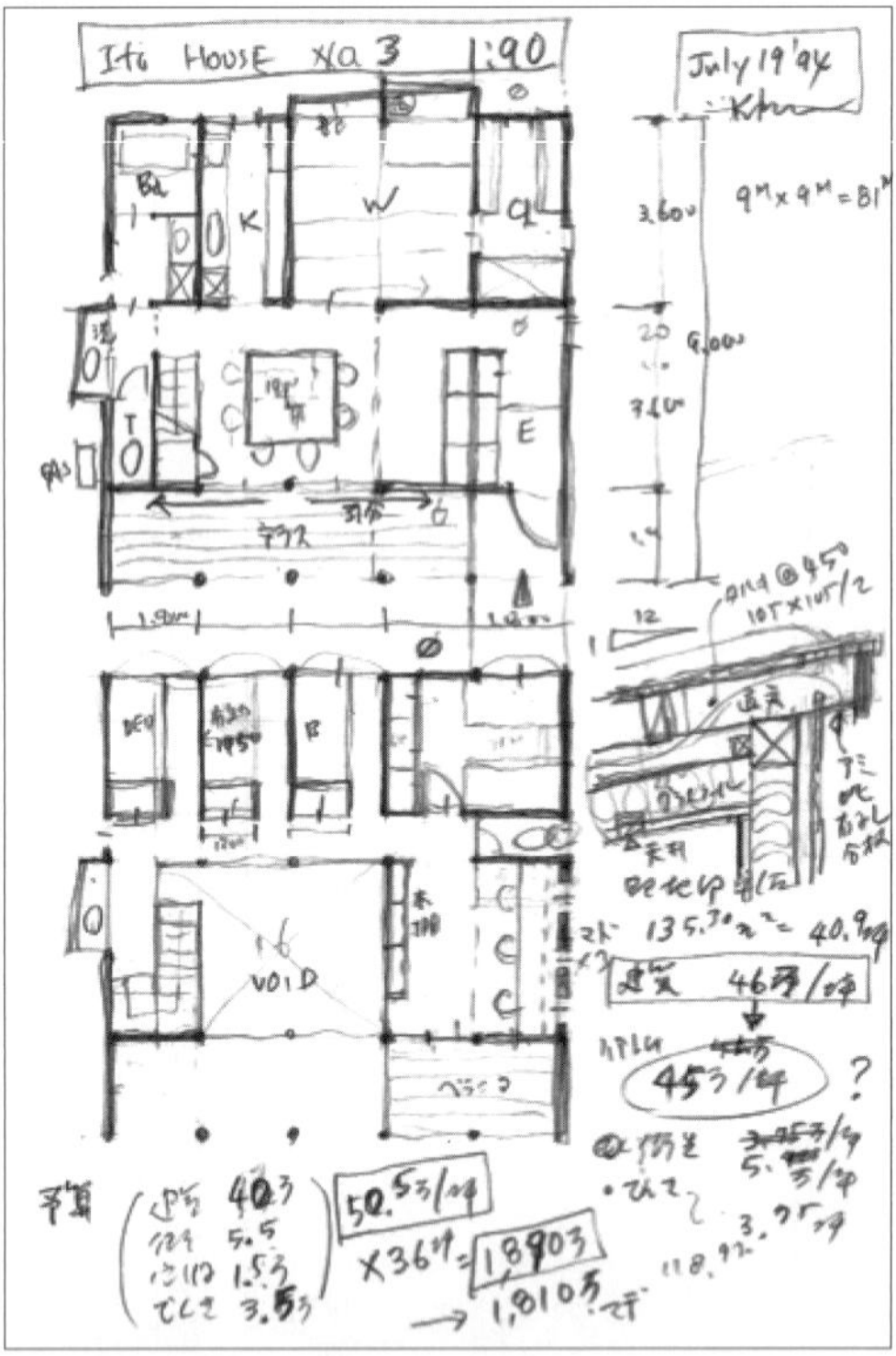

図2-1 「箱の家 001」スケッチ

図2-2 「箱の家 001」模型

こうした条件を念頭に置いてスケッチを始め、敷地を調査した当日に、一気に第1案をまとめ上げた。屋根や外壁の納まりをスケッチし、工事ごとの工事費を概算した。この案はそれまでの僕の住宅とはうって変わり単純明快な案になった、その週の土曜日までの1週間をかけてプレゼンテーション用の模型もつくり上げた（図2-1〜2）。

1週間後にクライアント一家5人が事務所を訪れた。僕は設計趣旨を説明しながら第1案の図面と模型を見せた。これから設計を始めるつもりでいた一家はいきなり案を見てびっくりしたようだ。あっけに取られた様子でまったく反応はなかった。その場でいきなり感想など言えるはずはないだろう。話がそれ以上進展しないので図面と模型を持ち帰り、家族内で十分に議論してもらうことにした。そして家族内で問題を整理してから改めて相談を受けることにして、その日の話し合いを終えた。それから約2カ月間は何の連絡もなかった。プレゼンテーション時の反応を考えると、僕の方からもあえて連絡する気にはなれなかった。その間に僕が設計したN邸のクライアントから、夫妻が訪ねてきて建物を見学していったという連絡が入った。さらに友人の建築家の何人かから僕の図面を持って自宅の設計の相談に来たという話も聞いた。やはり駄目だったかと思い始めた頃に電話があった。

「しばらく時間をいただき、いろいろな可能性を検討しましたが、どれも納得できるものではなかったので、家族で話し合った結果、難波さんの案を採用することに決めました」

　こうして「箱の家００１」の実施設計が始まったのである。

「箱の家００１」には、住宅に関する僕自身の考え方がストレートに表れている。一室空間住居、パタン・ランゲージによる空間構成、サステイナブルで高性能な材料など、それまで学んだアイデアがすべて投入されている。「箱の家００１」には、いわゆる住宅らしさはない。外観は単純な箱型で、屋根はなく、外装はセメント板の素地仕上げで、そっけない灰白色である。屋根はガルバリウム鋼板素地仕上げで、庇を支える鋼管は亜鉛どぶ漬け仕上げである。前面道路に面して巨大な窓があるので、内部は丸見えである。室内にはほとんど間仕切りがなく一室空間に近い。

　なぜこのような住宅を提案したのか不思議に思われるかもしれない。第一の理由は言うまでもなくローコストのためである。与えられた予算内で、所定の居住性能と要求された広さを実現するには、他に方法が考えつかなかった。しかしそれはひとつのきっかけにすぎない。僕としては、ローコストをマイナス要因としてとらえるのではなく、それを逆手にとって原型的な住宅を設計できるのではないかと考えたのである。つまり雑多な条件をすべて削り落とし、都市の住まいとしての最低条件だけを備えた住宅を設計したらどうなるかと考えたわけである（図2-3〜5）。

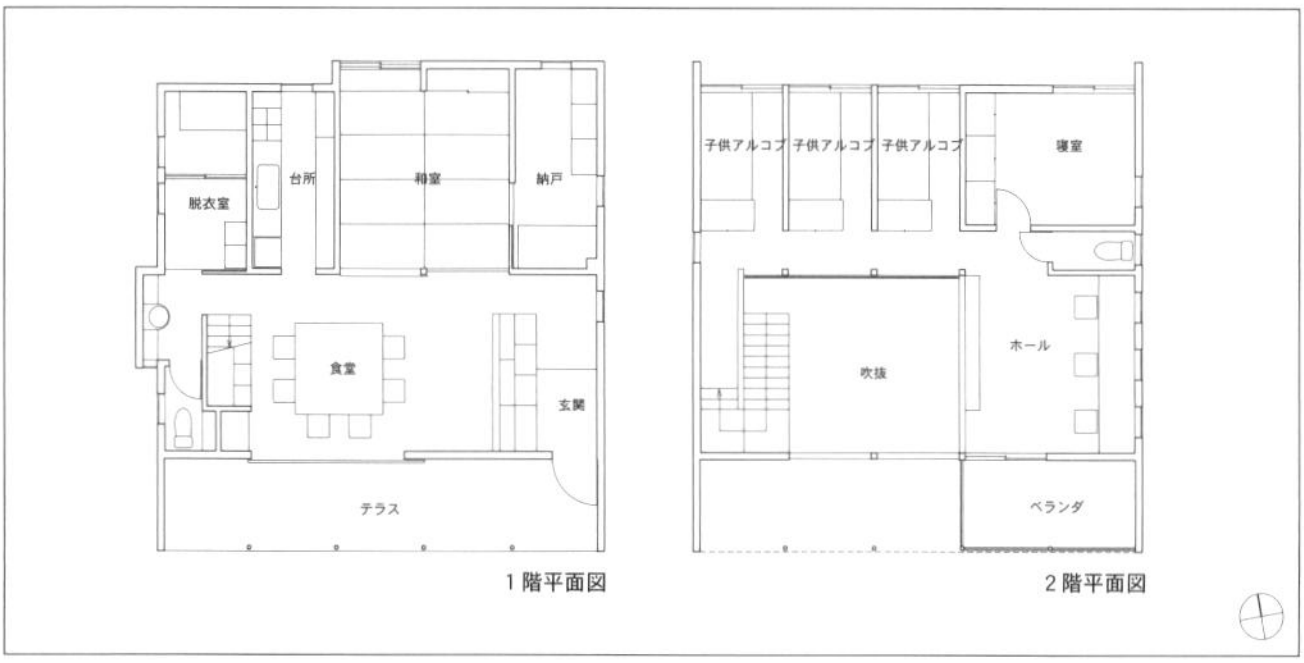

図2-3　「箱の家 001」平面図

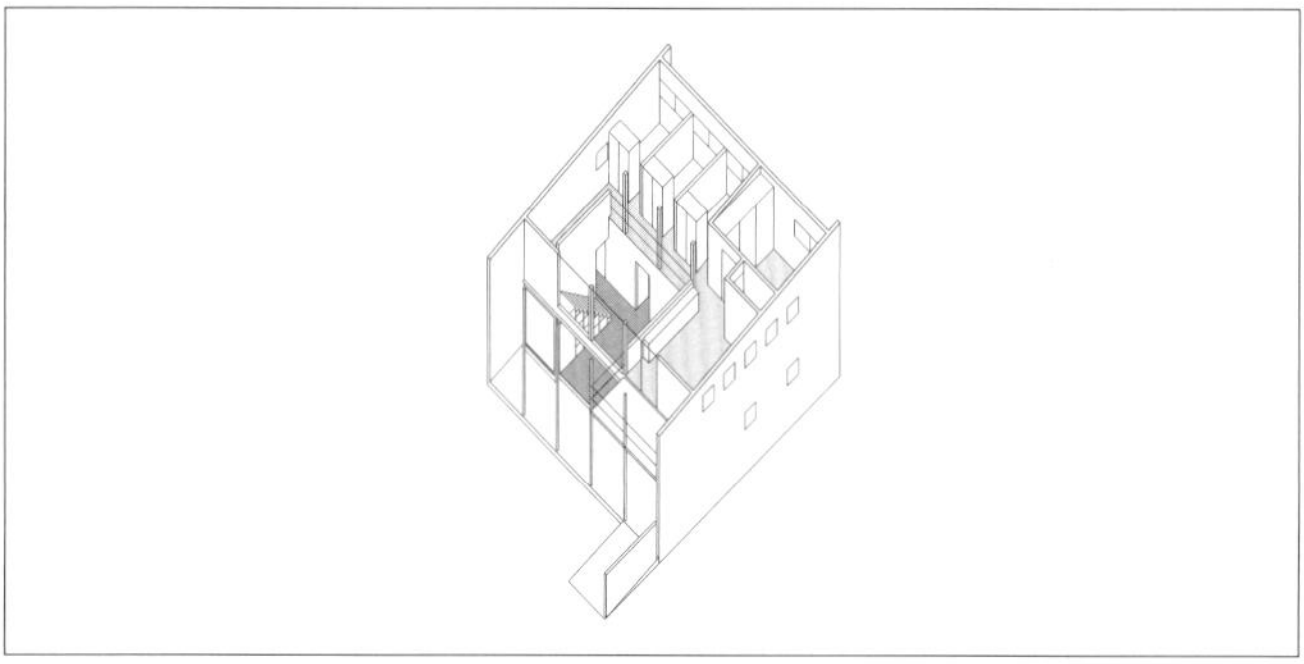

図2-4　「箱の家 001」全体アクソメ図

図2-5　「箱の家 001」外観

「箱の家００１」は、ほとんど最初のスケッチ通りに出来上がった。延べ床面積１２０㎡（36坪）、総工費1、９００万円、給排水、電気設備、台所設備はもちろん、床暖房、造り付け家具、ベッドと食卓までを含んだ金額である。坪単価は52・7万円。設計監理料は総工事費の10％、すなわち１９０万円だった（いずれも消費税を含むコストである）。

　クライアント一家が入居し住み始めると、心配していた空間の開放性は大して気にならないことが分かった。予算が足りないために前面道路との境界フェンスが中止になり開放性が強まったが、とくにプライバシーを侵されるような感じはしなかった。大きな窓でもカーテンを閉めればそれなりにプライバシーを守ることができるからである。大窓は防犯上問題があると指摘されたが、内部まで見通せると逆に防犯性が高まることも分かった。こうした問題は設計段階で前もって予測することは難しい。しかしほとんどの問題はクライアントの決断によって解決できる。建物が完成し空間を体験すると、大した問題ではないことが分かる場合が多い。設計段階と入居後ではクライアントの考え方や生活の仕方が変わるからである。つくづく人間の適応力はすごいと思う。多少の問題なら簡単に解決してしまうからである。これが池辺陽から学んだことであり、「箱の家００１」を通して確証した最大の法則だといってよい。

2　建築の四層構造

「箱の家００１」を発表するとき、僕はそのコンセプトを以下のように列挙した。

1　ローコストであること。
2　コストパフォーマンス（コスト当たりの性能）が高いこと。
3　メンテナンス（維持管理）が容易であること。
4　自然のエネルギーを最大限に利用していること。
5　構造がしっかりしていること。
6　内部が開放的で、一室空間的であること。
7　天井の高い、ゆとりのある空間を備えていること。
8　将来の住まい方の変化に対応できる柔軟性を備えていること。
9　単純な箱型のデザインであること。
10　コンパクトだが、大きく見えること。

箱の家をシリーズとして展開していくにつれて、箱の家のコンセプトを支えている理論的な根拠が気になり始めた。箱の家シリーズの初期の１９９０年代後半は、建築におけるサステイナブル・デザインが注目され、住宅の省エネ化が大きな課題になり始めた時期である。２０００年から大学でデザインを教えるようになったことを契機に、僕は当初の箱の家のコンセプトを整理し、サステイナブルな設計方法として理論化することを考えるようになった。ヒントになったのはローマ時代の建築家ウィトルウィウスが『建築論』で建築の要素として挙げている「用・美・強」という概念である。用は機能、美は形態、強は構造と考え、そこに欠けている要素としてエネルギーを加えれば、「箱の家００１」で挙げたコンセプトすべてを整理することができることが分かる。そこから考案したのが「建築の四層構造」である。「建築の四層構造」とは、建築を以下の4つの層でとらえる理論である。

第一層　物理性：建築は物理的な存在である。
第二層　エネルギー性：建築はエネルギーの制御装置である。
第三層　機能性：建築は生活のための機能を備えている。
第四層　記号性：建築は意味を伝達する記号である。

なぜこの4つの層なのか。最初のうちはこれ以外にも層があるのではないかと考えたが、最終的に建築を総合的にとらえるにはこれで必要かつ十分であるという結論に至った。

4つの層は大きく二分できる。前二者は建築のハード面をとらえ後二者はソフト面をとらえる。

ハードウェアとソフトウェアと言ってもよい。それぞれの層に対応して建築の専門的な学問分野が存在している。建築の物理性を扱うのは材料学、構法学、構造学、生産学、エネルギー性を扱うのは環境工学や設備学、機能性を扱うのは建築計画学、記号性を扱うのは歴史学や意匠学である。おのおのは独立した学問領域を形成している。

４つの層はそれぞれデザインによって解決すべき問題すなわちプログラムをもっている。デザインの条件は四層のプログラムに分解することができる。第一層は材料、構造、構法などの物理的条件、第二層はエネルギーや温熱環境などのエネルギーにまつわる条件、第三層は建物種別（ビルディング・タイプ）や用途などの機能的条件、そして第四層は形や空間などの美学的条件である。

さらにそれぞれの層のプログラムに対応して、それを解決するための技術が存在している。建築の技術には物理的存在としての建築をつくり上げるハードな技術だけでなく、平面計画、形態操作、解析技術、シミュレーション技術といったソフトな技術も存在している。現代の建築技術ではハードな技術とソフトな技術が緊密に結び付いている。ハードな建設技術はソフトな管理技術に支えられているし、構造設計や環境設計はシミュレーション技術なしには成立しない。４つの技術はそれぞれ独立した領域を形成している。それぞれの技術はある程度自律的なサブシステムを成しているのである。

４つの層には時間あるいは歴史が埋め込まれている。近代建築には時間の視点が決定的に欠けている。サステイナブル・デザインでは時間と歴史を条件として取り込むことが重要な課題となる。それぞれの層で時間と歴史がどのような様相を示すかを整理してみよう。

第一層の物理性では建築材料のリサイクルや再利用を問題としている。建築材料の耐久性やエイジング（熟成）、ウェザリング（風化）の問題もそうである。材料の風化はこれまでマイナスに考えられてきたが、時間を経て風化すると美しく見えるような材料も存在する。材料に時間を刻み込むことが建築の価値になるわけである。材料の風化が美しく見えることは、第一層である物理性が第四層の文化性に結び付くことである。

第二層のエネルギー性でも同じことがいえる。エネルギーを時間で考えることは建設に必要なエネルギーだけでなく、完成後にそこで生活が展開され最終的に建築が寿命を終えて解体されるまでに費やされるエネルギーについて考えることである。このように建物の寿命とエネルギーの関係について考えることがサステイナブル・デザインの重要な条件であることは言うまでもない。

第三層の機能性において時間は決定的な条件となる。住宅として設計された建築が美術館に転用されるような場合がある。昔の建築で現在も残っているものは用途が変わることによって生き延びている場合がほとんどである。サステイナブル・デザインでは機能に対応した建築よりも時間によって変化する機能を受け入れるような建築を考える必要がある。既存の建物のコンバージョン（用途変更）やリノベーション（増改築）も時間の重要な問題である。こうした建築の機能性は家族のライフサイクルやコミュニティといった社会的な側面と結び付いていることは言うまでもないだろう。

第四層の記号性には人びとの記憶に残る建築や街並の保存というテーマがある。建築や都市が持続する最終的な条件としてはそれが文化的な財産として根づくかどうかが決定的である。物理的な耐久性と機能的な用途転換によって生き延びる建築は多いが、たとえ物理的に脆弱でも文化的価値が認められれば建築は持続するし、さらには伊勢神宮の式年造替のように物理的存在ではなく文化的記号（意味）だけが持続するような場合もある。

以上に述べたことをマトリクスに整理してみると、図2-6のようになる。

四層構造に込められた最も重要な主張は、建築に限らずどのような現象でも物理性、エネルギー性、機能性、記号性という4つの様相を備えているという点である。それぞれの様相は独立したサブシステムを形成し、他の様相と切り離して単独に論じることができる。しかしそれぞれの様相において明らかにされた仮説や結論は四層構造の中で他の様相との関係において再検証されねばならない。4つの層がそれぞれ独立したサブシステムだとしたら、それらは相互にどんな関係にあるのだろうか。

僕の考えでは構造主義的な「記号発生モデル」にヒントがあると思う。文化人類学者のクロード・レヴィ=ストロースは物体（もの）を記号化する行為を芸術のはたらきとしてとらえ、こう述べている。

技術 （問題解決の手段）	時間 （歴史）	サステイナブル・デザインの プログラム
生産・運搬 組み立て・施工	メンテナンス 熟成と風化	再利用・リサイクル 長寿命化
気候制御装置 機械電気設備	設備更新 エントロピー	省エネルギー LCA・高性能化
平面計画・断面計画 組織化	コンバージョン ライフサイクル	家族・コミュニティ 生活様式の変化
様式・幾何学 コード操作	保存と再生 ゲニウス・ロキ	リノベーション 保存と再生

「記号の域まで物体を高めることは、もしそれが成功したなら、記号と物体の両方の基本的な特性を表せるはずです。（中略）その基本的な特性とは、記号の中に顕示される構造であって、普通は物体の中に隠されているものですが、その造形的または詩的な表現のおかげで、突如として姿を現し、その上、他のあらゆる種類の物体への通路ともなってくれるのです。（中略）二重の運動があって、ひとつは文化へと向かいたがる自然の憧れ、すなわち記号と言語へ向かう物体の憧れであり、もうひとつは、その言語的表現の手段によって、あたりまえならば隠されている——人間精神の構造と機能の様式と共通しているあの特性そのもの——を発見あるいは知覚することを可能ならしめる運動なのです。」

４つの層 （建築学の領域）	視点 （建築の様相）	プログラム （デザインの条件）
第一層：物理性 （材料・構法・構造学）	物理的なモノとして見る	材料・部品 構造・構法
第二層：エネルギー性 （環境工学）	エネルギーの 制御装置として見る	環境・気候 エネルギー
第三層：機能性 （計画学）	社会的な機能として見る	用途・目的 ビルディングタイプ
第四層：記号性 （歴史・意匠学）	意味をもった 記号として見る	形態・空間 表象・記号

図2-6　建築の四層構造マトリクス

『レヴィ＝ストロースとの対話』（ジョルジュ・シャルボニエ著、多田知満子訳、みすず書房、１９７０）

物体としての建築材料を記号すなわち建築形態や空間の域まで高めるという行為はデザインそのものである。このモデルによれば、建築のデザインとは4つの層に同型の構造（抽象的な意味での）をつくり出すことである。人間が自然から文化を生み出したときに、あるいは芸術家が素材から作品をつくり出したときに物体と記号が同型となる。しかしどのようにすれば同型の構造を生み出すことができるかについてはレヴィ＝ストロースは何も述べていない。ここから引き出すことができる結論は、4つの要素は層を形成しているということだけである。

この仮説からどのような方法論が提案できるだろうか。まずデザインとは四層の要素すべてを関係付ける行為だということである。どの要素を無視してもデザインは成立しない。さらに要素の間には優先順位はない。通常建築デザインは機能を決定する平面計画から始めることが多い。これに対して四層構造はデザインはどの層から出発しても構わないと主張している。しかし最終的には四層すべてを関係付けねばならない。

「建築の四層構造」から導き出すことができる方法論はここまでである。四層構造はデザインの分析方法あるいはデザインの与条件を整理する方法としては極めて有効である。しかしながら四層構造には統合の論理が欠けている。というか、四層をなんらかの形で統合することがデザインなのである。

3　箱の家の四層構造

以上の考え方を前提にした上で、「建築の四層構造」に基づいて箱の家の四層構造について検討してみよう。

第一層の課題は可能な限り工業化された材料や部品を使うことである。現在では建築材料のほとんどが工業製品化されているので、重要なのは多種多様な材料や部品の中からコストパフォーマンスが良く、メンテナンスが容易で耐候性のあるサステイナブルな材料を選ぶことである。自然素材を使う場合は安定した性能が得られるように工場加工された部品を使用する。例えば木材であれば寸法と強度の安定した集成材やＬＶＬ（Laminated Veneer Lumber）やＣＬＴ（Cross Laminated Timber）を、あるいは無垢材の場合は乾燥率を制御した木材を使用する。

第二層の課題は可能な限り自然のエネルギーを利用することである。日本はアジアモンスーン地帯に位置するため、夏は高温多湿、冬は寒冷低湿で、その間に比較的快適な春と秋という中間期がある。外壁や屋根の断熱性能と通気性を十分に確保した上で、夏の日射を遮り冬の日射を採り入れれば暑さ寒さを制御することができる。中間期には自然通風を確保すれば自然エネルギーだけで過ごすことができる。ほとんど水平に来る夏の朝夕の日射制御も重要な条件である。

第三層の課題は一室空間住居である。間仕切りを最小限に抑えながら家族のメンバーそれぞれのコーナーを確保することによってフレキシブルな室内とする。同時に室内は外部へと開放し街とのつながりを確保する。なぜそうするのかについては第4章「一室空間住居」で詳しく検討する。

第四層の課題は建物全体を単純な箱型のデザインにまとめることである。これによって表面積が小さくなるので、使用する材料の量が必要最小限に抑えられ熱負荷が小さくなりシンプルな街並を形成することができる。箱の家は連続住宅や集合住宅の住戸を想定したプロトタイプ住宅なのである。

以上を整理すると次のようになる。これが箱の家の遺伝子だと言ってよいだろう。

第一層：物理性：工業化部品による構法の標準化によってコストパフォーマンスの最適化を追求する。

第二層：エネルギー性：自然のエネルギーを取り入れながら省エネルギーで高性能な住宅を実現する。

第三層：機能性：一室空間によってライフスタイルの変化に適応するフレキシブルな住宅を実現する。

第四層：記号性：単純でコンパクトな箱型デザインによって、サステイナブルな住宅を実現する。

最後に箱の家の四層構造を最も明解に実証した例を紹介しよう。それは「箱の家０２３」である。「箱の家０２３」（図2-7〜10）のクライアントは若い夫婦と幼い子供ふたりの4人家族だが、夫は画家なので自宅で絵を描き、妻は歯科医なので朝早く出かけるというライフスタイルが一般の家族とは異なる特殊な条件である。通常の場合、画家の家では住居に加えて専用のアトリエが要求される。この家でも最初の要求条件は通常の箱の家にアトリエを加えることだった。南面道路で奥行きのある敷地なので、南の道路側に住居を、北側の奥にアトリエを置いて北側採光とする案

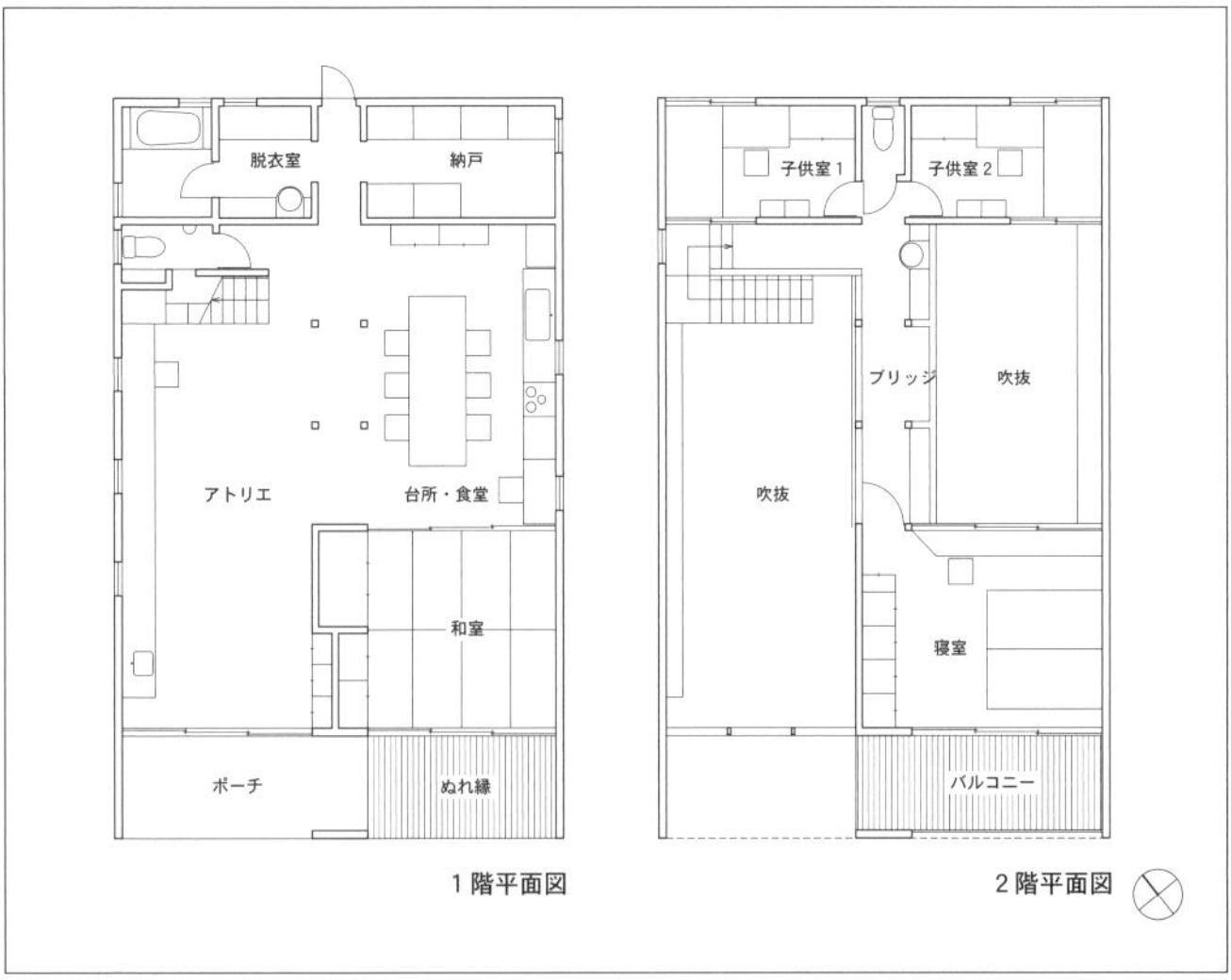

図2-7 「箱の家 023」平面図

図2-9 「箱の家 023」外観

図2-10 「箱の家 023」内観

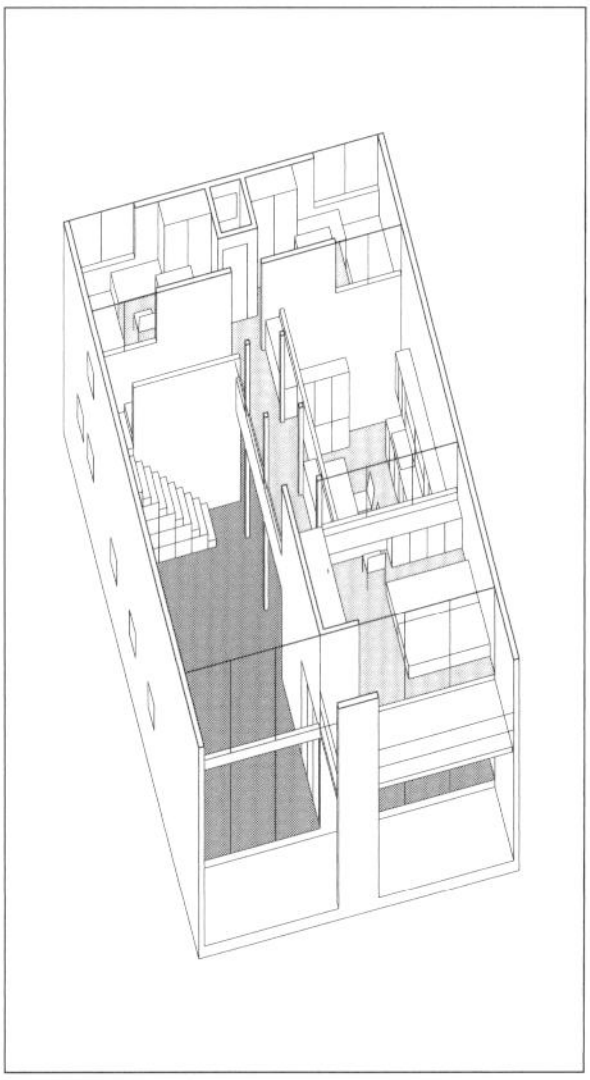

図2-8 「箱の家 023」全体アクソメ図

を検討した。この案では当然箱の家にアトリエをプラスした建設コストが必要になるが、いつもながらクライアントの予算は最小限に抑えられている。したがってアトリエを単純に足して面積を増やすのはコスト的にも機能的にも非効率的である。子供たちの話を聞くと、母親は早朝に家を出て父親は一日中家にいるという生活は友達の家族と異なるので不思議だという。父親は子供たちのいない時に絵を描くので子供たちには父親が何者なのかがよく分からない訳である。アトリエに籠ってしまえば、子供たちには父親の仕事を知るべくもない。画業に専念する部屋が必要だといっても子供たちが幼稚園や小学校に行けば家にいるのは画家である夫ひとりだけである。ご主人にどんな絵を描くのか聞いてみると、大学では日本画科に所属し主にテンペラ画を描いているという。テンペラ画の代表的な技法は卵テンペラである。絵具が乾けばすぐに塗り重ねていくことができ、数日間乾燥すると水に溶けなくなる。板にボローニャ石膏で地塗りをしているものが古典的なテンペラ画技法だが、近代になって油彩の仕上げに卵を混入させたものもテンペラ画と呼ぶようになった。要するに油絵のようにイーゼルに向かって考えながら何日もかけて描くのではなく、スケッチを繰り返した上で、モチーフや構図が決まったら短時間で仕上げるのがテンペラ画である。であるのならば専用のアトリエがなくても、少し広いスペースがあれば居間の一角でも描けるのではないか。そう考えて箱の家のリビングを、ダイニングキッチンから切り離してリビング兼アトリエとし、子供室からこのスペースが眺められるような構成を考えた。ならば父親の仕事を眺めることができるし機能的にもコスト的にも効率的である。

この結果、以下のような連鎖反応によって、それまでとはまったく異なる箱の家に行き着くことになった。

①リビングの面積を広げることによって1階のコモンスペースと2階のプライベートスペースの面積比が変わり、その結果それ以前の箱の家とは異なる吹き抜け空間の大きな空間構成になった。

②リビングがアトリエを兼ねることになったため、箱の家の標準仕様である木質系の床、壁、天井仕上げではなく、内装仕上げすべてを無彩色であるフレキシブルボード仕上げに変更した。

③照明器具も箱の家の標準仕様である白熱灯ではなく、アトリエ専用の自然発色系蛍光灯に変わった。

④外観は依然として箱型のデザインだが、それまでとはまったく異なる立面が生まれた。

このようにプログラムの再編成が、建築の四層構造の全体に連鎖反応的に波及していくことを目の当たりにした。これによって箱の家がシリーズとして展開できることを改めて確信したのである。

第３章　一室空間住居

図3-1　田野の小屋

1　始原の小屋と一室空間住居

建築の歴史の中で「住宅の原型」や「始原の小屋」は何度となく繰り返し取り上げられ見直されてきた。近代初期の18世紀においては住宅の原型に関する研究が盛んに行われた。一般市民の住宅にとって必要最小限なものは一体何であるのかといった問題や、ヨーロッパの住宅の起源はどこにあるのかといった問題が問われた時代である。そのような動向を代表する建築理論家がカトリック神父のマルク＝アントワーヌ・ロージェである。彼が著した『建築試論』の扉には彼が考える原型的な住宅として「田野の小屋」が描かれている(図3-1)。ロージェが描いた「田野の小屋」は、住宅の原型とは、柱と梁の構造骨組み、シェルターとしての屋根、調理のための竈《かまど》という最小限の要素によってつくられていることを主張している。その約１００年後にドイツの建築家ゴットフリート・ゼンパーは異なる視点から住宅の原型を提唱している。ゼンパーは１９５１年にロンドンで開催された世界最初の万国博覧会に展示されたカリブ諸島の未開民族の住宅を観察し、住宅の原型の着想を得た。ゼンパーは未開民族の単純明快な住宅から、住宅は基礎、骨組みと屋根、軽量の被覆、炉という４つの基本要素に還元できることを見出した。ゼンパーはこの４分類に基づいて建設技術の基本的な方法を、重量のある部材を積み上げていく「ステレオトミックス（組積術）」と、軽量な線材を組み合わせることによって空間を覆う「テクトニックス（構築術）」の２種類の対照的な構法に分類した。ゼンパーの構法の原型に対するアプローチは、住宅の原型に対する現代のアプローチにも引き継がれている。アメリカの建築理論家ジョセフ・リクワートは近代建築の中に見出される建築の原型の歴史的な展開と、世界中の未開民族に見出される建築の原型に関する文化人類学的な研究をまとめた『アダムの家―建築の原型とその展開』において、建築の原型を対照的なふたつの類型に還元している。すなわち洞窟のような「発見された」空間とテントのように最小限の要素によって「つくられた」空間である。これはゼンパーの分類による２類型の構法に対応している。組積術は洞窟のような空間をつくる構法であり、構築術はテントのような空間をつくる構法である。もともとは「発見された」空間であった洞窟のような空間が組積造の壁によって囲まれた人工的な空間として「つくられて」いるのである。

このように「始原の小屋」はさまざまな構法によってつくられているが、空間は基本的に一室空間である。その理由は単純でローテックな構法という技術的制約もあるが、それ以上にそこに住む家族や集団が小規模であり生活行為が単純だからである。一室空間は機能的に未分化であることを表わしている。しかし一室空間の内部は決して均質な空間ではない。内部空間は入り口、方位、竈の配置などによって文化的に意味付けられ、見えない規則によって分節されている。小さな家は小さいがゆえにさまざまな意味に満たされているといってもよい。

日本で最も古い住宅は竪穴式住居だが、これも一室空間である（図3-2）。竪穴とは通常の洞窟を意味する横穴に対する名称である。竪穴式住居は旧石器時代からつくられ始め、縄文時代には盛んにつくられ、後の弥生時代に伝わり日本の農家や民家の原型となったといわれている。平面形は方形、台形、楕円形などさまざまで、地面を掘り込んだ床の上に柱と垂木の軸組構造を建て、屋根はアシやカヤなどの茎で葺かれている。室内の壁際には炉が置かれ、これを基点にして内部空間が意味付けられ分節されている。竪穴式住居は基本的に一家族のための住宅だが、巨大な住居もつくられ複数の家族が寄り集まって住む場合もあった。青森県の三内丸山遺跡にはその遺構が見られる。これも内部空間は依然として一室空間で見えない規則によって分節され、中心には炉が置かれている。このような竪穴式住居は平安時代になるまで建てられていた。

絶えず移動する遊牧民の住宅は、運搬という条件を最優先しているゆえにリクワートの言う「最

図3-2　竪穴式住居

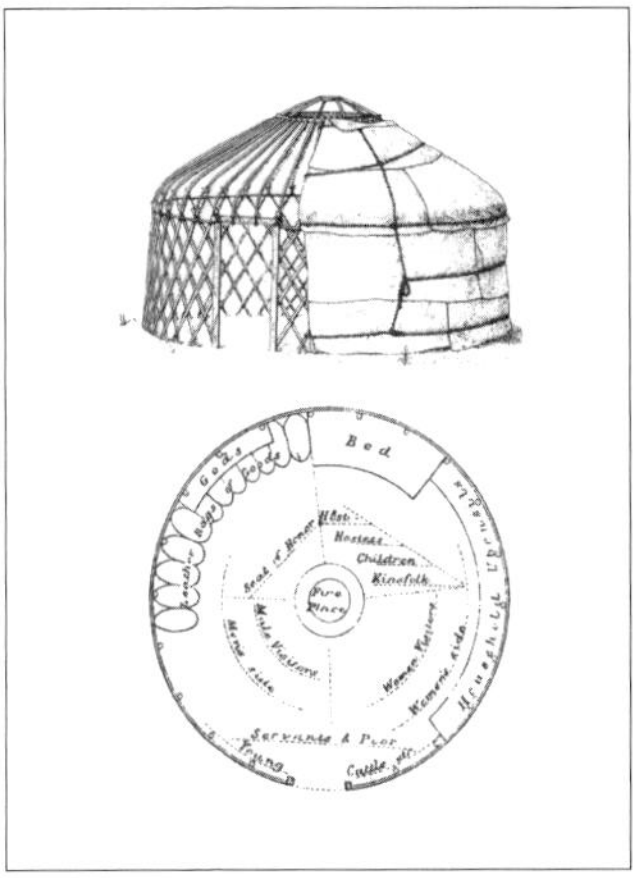

図3-3　モンゴルのゲル

小限の要素によってつくられたテント」であることが多い。代表的な例はモンゴルの遊牧民の住宅「ゲル」である。ゲルは直径が4～6mの円形平面で中心の2本の柱によって支えられたリング状の骨をもち、屋根部分には中心から放射状に細梁が渡される。これにヒツジの毛でつくったフェルトをかぶせ屋根・壁に相当する覆いとする。壁の外周部分の骨格は木組みで菱格子に組んであり、接合部はピン構造になっているので蛇腹式に折り畳むことができる。構造部材はすべて規格化された軽量な材料によって組み立てられている。（図3-3）。内部空間は入り口がある正面を南向きにして建てられ、左（西）側が男性の空間、右（東）側が女性空間と決められている。奥の正面は最も神聖な場所であり、密教の仏壇が置かれる。ゲルの内部空間は目に見えない意味の壁によって明確に分節されている。ゲルの平均的な面積は約30㎡であり、日本の仮設住宅の基本単位とほぼ同じである点が興味深い。

2　最小限住居

1920年代にヨーロッパで勃興するモダニズム建築運動では「最小限住居」が重要なテーマとなった。第1次世界大戦が終わり、破壊された国土の復興のために、戦地から戻った数多くの兵士の家族ための住宅不足を早急に解消することが課題になった。短期間で数多くの住宅を建設するために住宅にとって必要最小限の機能とは何かという問題が追求された。その結果に基づき短期間で多数の住宅を建設するためにアメリカで大成功を収めたT型フォードの標準化による大量生産の方法に倣って建築部材を規格化・標準化する工業生産的な建設法が追求された。1928年に設立されたCIAM（近代建築国際会議）にはヨーロッパ全土からワルター・グロピウス、ミース・ファン・デル・ローエ、ル・コルビュジエら24人の建築家たちが参加した。この会議の第2回（1929）のテーマが「最小限住居」だった。このテーマに最も積極的に取り組んだのは大戦によって国土が最も荒廃したドイツの建築家だった。フランクフルトの建築家エルンスト・マイは「最小限住居」のテーマに基づいてベルリンに巨大な公営集合住宅を建設している。オーストリア

図3-4　フランクフルトキッチン
（マルガレーテ・シュッテ・リホツキー）

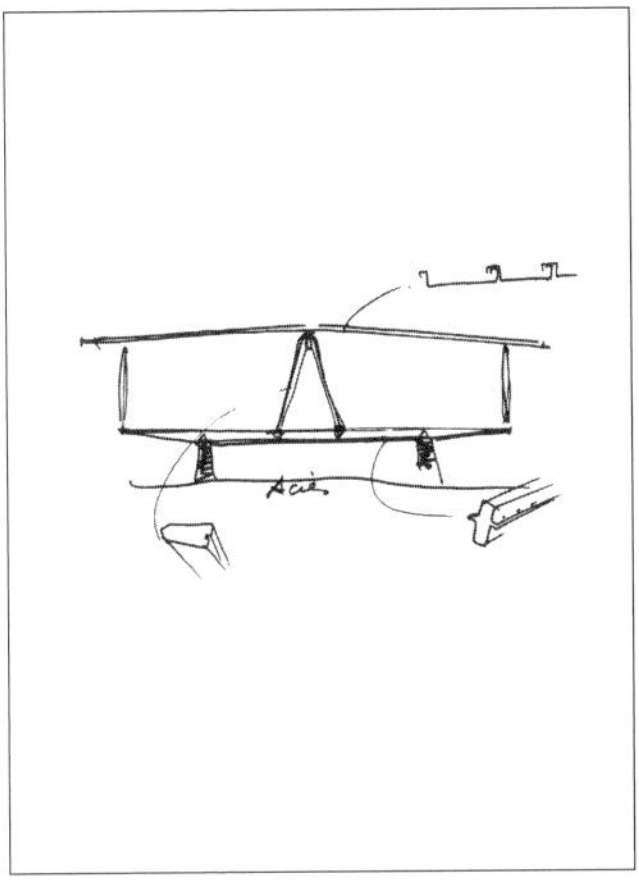

図3-5　ポルティークのスケッチ
（ジャン・プルーヴェ）

の建築家マルガレーテ・シュッテ・リホツキーは住戸内にコンパクトで最小限サイズの台所を設計した。フランクフルター・キュッヘ（フランクフルト・キッチン）と呼ばれる台所は、調理や家事の作業を詳細に調べ上げ、それを合理的に再編成することによってデザインされている（図3-4）。

CIAMやドイツ工作連盟とは別に、戦後の難民のための応急住宅に対してユニークな提案を行ったのがフランス、ナンシーのエンジニア、ジャン・プルーヴェである。彼は当時はまだ新規な技術だった鋼板薄板の加工技術を応用して軽量でコンパクトな工業化住宅を建設している。プルーヴェは鋼板を使って「ポルティーク」と名付けられた架構方式を考案した。これは建物中央にH型あるいはA型の構

図3-6　「ウィチタハウス」（バックミンスター・フラー）

造ユニットを立て、それに棟桁を載せ垂木を架け渡すことによって屋根架構を構成し外周をパネルで取り囲む構法である（図３-５）。これによって作られた住宅のサイズは６ｍ×６ｍである。

ル・コルビュジエはＣＩＡＭを先導した建築家だが、戦間期には都市計画や工業化住宅のプロジェクトを中心に展開した。ドミノ・システムは近代的住宅のために提案された構法システムである。ドミノ・システムに基づくシトロアン型住宅やモノル型住宅など一連の「量産住宅」は、戦後復興住宅の原型として提案された。

アメリカにおいて特異な工業化住宅を提案したのはバックミンスター・フラーである。フラーは１９２０年代からル・コルビュジエの思想に影響を受けて先端技術を適用した住宅を提案した。「ダイマクシオン居住ユニット」は、ル・コルビュジエが『建築をめざして』の中で新しい住宅について提唱したテーゼ「住宅は住むための機械である」をストレートに実現したプロジェクトである。第2次世界大戦後にフラーは航空機産業の技術を住宅産業に転換させることを目指してジュラルミン製の超軽量な工業化住宅「ウィチタハウス」を開発した。円形平面のこの住宅はモンゴルのゲルをジュラルミンに置き換えたような原型的住宅である（図3-6）。この住宅は実際に注文まで受け大量生産の寸前までいったが、フラーはまだ未完成であると判断し、3戸の試作住宅がつくられるにとどまった。「実験住宅アルミエコハウス」を開発した経験から推測すると「ウィチタハウス」は外装全体がアルミ合金であるジュラルミンで覆われていたため熱的性能に問題が残されていたように思われる。

3　日本の戦後モダニズム

日本の伝統的な住宅は基本的に一室空間である。部屋の間は襖や障子など軽い木製建具によって仕切られているから、ある程度視線は遮られたとしても遮音性はほとんどない。外部の建具も大同小異である。第1章でも紹介したように僕が育った町家も同じである。納戸や倉庫が土壁で塗り込められている場合もあるが、そういう部屋は日常生活の空間ではない。しかし伝統的な住宅ではプライバシーは問題にならなかった。そもそもプライバシーという近代的な概念は存在しなかったからである。しかし伝統的な住宅には住まい方に暗黙の規則があった。襖や障子越しに話し声が聞こえても「聞かないことにする」といった規則である。伝統的な住宅では住宅という物理的な存在＝ハードと、住まい方という目に見えない暗黙の規則＝ソフトが、長い時間をかけて一組のセットとしてつくり上げられてきたのである。明治維新以降の近代化の中で、このうちのソフトの側面（作法）が大きく転換した。物理的存在としての住宅はそのまま残ったが、生活様式は急速に近代化・西洋化された。最後まで残ったのは大家族がひとつの家に住むという家父長制度である。それが解体され、核家族制度に転換されたのは、モダニズム建築運動が本格的に日本に移入された第2次世界大戦後の１９４５年以降である。

１９５０年代の戦後復興期に戦後モダニズムを担った建築家たちは、民主的な核家族のためにさまざまなタイプの最小限住居を提案した。１９５０年に制定された住宅金融公庫制度を利用して建築家は最小限の広さ（約15坪）をもった一戸建て住宅を設計している。その中で戦後の家族制度の変化を明確に住宅に反映させたのが、第1章で紹介した池辺陽の「立体最小限住居」（１９５０）である。池辺はＣＩＡＭにおいて議論された最小限住居が集合住宅の住戸（フラット）を対象とする平面的なスタディに止まっていることを批判し、一戸建て住宅が中心の日本の住宅においては高さ方向のスタディを組み込んだ立体的な最小限住居を提案した。「立体最小限住居」

では吹き抜け空間によって1階と2階ロフトが柔らかく結び付けられ、一室空間の中で家族共有の空間と個人の空間とが機能的に分節されている。同じような考え方で設計されたのが増沢洵《まこと》の自邸「最小限住居」（１９５２）（図３‐７）である。この住宅は最近になって「9坪ハウス」（図３‐８）として再評価され売り出されている。

１９５０年代後半から１９６０年代になると、高度経済成長に後押しされた新しい世代の建築運動が生起する。それがメタボリズムである。建築の新陳代謝をテーマとしたメタボリズム建築運動の中で最も原型的な住宅として認められているのが菊竹清訓の自邸「スカイハウス」（１９５８）である。斜面の敷地の上にコンクリートの壁柱によって、７・２m角の一室空間がもち上げられ、ＨＰシェルの緩やかな方形の屋根によって覆われている。一室空間の回りには濡れ縁が巡らされ、随所に台所や水回りなどの設備ユニットが取り付けられている。この設備ユニットやスラブ下に吊り下げられた個室ユニットを着脱することによって住宅は新陳代謝するのである（図３‐９）。

１９７０年代以降は新しいタイプの住宅を追い求めるデザイン運動は姿を消し、原型的な住宅の追求も影を潜める。代わって主流に浮かび上がってきたのが高度成長後の消費社会に支えられたハウスメーカーによる住宅の工業生産化と商品化である。ハウスメーカーは新しい技術を投入することによって新規な住宅を開発しながらもそれをイメージによってパッケージし、工業製品（プロダクト）と同じような商品として販売し始めた。その潮流は２０００年代まで変わることなく続いている。

図3-7　「最小限住居」（増沢洵）

図3-8　「9坪ハウス」

図3-9　「スカイハウス」（菊竹清訓）

4　日本の持家政策

日本では住宅は一戸建ての持家が中心になっている。そのような国は世界でも日本とアメリカだけである。その理由は戦前の住宅は借家や長屋が中心だったにもかかわらず、第2次世界大戦後の住宅難の解決を目指して政府が採用した政策が集合住宅や賃貸住宅ではなく、一戸建てを中心とする持家政策に方針転換したからである。その一因を伝統的な日本の住宅が木造の低層住宅だったことに求める向きもある。しかしそれは借家中心の戦前の住宅状況をみれば説得力はない。そうではなく真の要因は敗戦国として戦勝国であるアメリカから民主的な社会における核家族制度とライフスタイルとそのための住宅政策のあり方を積極的に見習ったことにある。

アメリカは戦前の1920年代にすでに近代化を終えて大量消費社会に到達していた。第2次世界大戦の終了とともにアメリカ流の家族制度とライフスタイルが一気に日本に流入してきた。日本は戦後しばらくの間アメリカ軍に占領されていた。その間にアメリカの指導のもとで民主改革が推進された。その一環として戦前の大家族制度の見直しや農地改革などが施行された。住宅政策の改革もそこに含まれていた。戦前の「家」制度に基づく大家族が解体され、戦後の民主社会を支える社会的な単位としてアメリカ式の核家族制度が移入されたのである。そして核家族のための住宅を普及させるために、アメリカと同じように持家政策が採用され推進されたのである。

１９５０年に住宅金融公庫法が設立され、核家族のための戸建て住宅建設が促進された。当時はハウスメーカーのような住宅供給専門の建設業者は存在しなかったから、ほとんどの住宅は民間の大工によって建設された。木造を専門とする大工に限らず一般的に建設業への新規の参入は最初の設備投資が比較的少なくて済む。このため終戦後の大量の住宅需要は多数の大工、建設職人、小規模な工務店を生み出した。現在でも戸建て住宅の大部分が地域の中小工務店や大工によって建設されている要因は終戦直後の住宅難の状況に端を発している。１９５０年代半ばに始まる高度経済成長は地方の若者を中心として大都市への急速な人口集中をもたらした。地方の次男三男が大都市に集中することによって人口だけでなく世帯数が増加したことがさらに住宅不足を加速した。

商品として建設販売するハウスメーカーが出現するのは高度経済成長が加速化する１９６０年代である。当初の工業化住宅は庭に建つ小屋のようなものだった。ハウスメーカーが工業生産化された商品としての戸建て住宅の供給を本格的に始めるのは、高度経済成長最盛期の１９６０年代後半からである。最大の人口を抱える戦後生まれ（１９４７〜１９５１）の団塊世代が一斉に婚期を迎えるのは１９７０年代である。戸建て住宅の需要が急激に増加し、持家政策が本格的な効果を生み始める。ハウスメーカーは政府の持家政策をバックグラウンドとして、住宅金融公庫の融資をワンパックに組み込んだ一戸建て住宅の商品を開発し大量に供給した。民間の鉄道資本は都心から郊外に延びる通勤用の鉄道を敷設し、より安価な土地を求めて、郊外の住宅地開発を推進していく。こうして低層の一戸建て住宅によって埋め尽くされた、日本特有の広大な郊外住宅地の景観が生み出されることになる。

１９７０年代半ばを過ぎると、全国の住宅戸数が全世帯数を上回り、数字上では住宅不足が解消される。しかし日本の住宅の寿命は平均30年弱であり、質的な問題を抱えた住宅も多数残っていたため、以後も建て替え需要がしばらく続く。１９８０年代になると国の住宅政策の目的は金融公庫融資を中心として、住宅の数を確保することではなく質を求める方向へと政策的な誘導が行われる。１９９０年代には国の最低居住水準に達していない世帯の数が全世帯数の1割を下回り、住宅の質的な問題もある程度まで解決されることになる。１９８０年代にはアメリカ、イギリス、日本を中心とする西側の資本主義国家において、民間の市場経済を中心とする新自由主義的な経済政策への転換が行われる。戸建て住宅の建設をバックアップする公的制度として設置された住宅金融公庫は、民間への移行の準備として住宅ローンの証券化支援事業を開始し、２００５年には住宅金融公庫支援機構へと解体され、住宅ローンは完全に民間銀行に委託することになる。こうして住宅供給は完全に市場化され、その役割は民間資本へと移行する。

５　一室空間住居の変遷

戦後の社会的・経済的変化に伴って家族構成と生活様式は大きく変化した。その変化に対応して住宅の空間構成も大きく変化した。１９５０年代の戦後モダニズムの時代には戸建て住宅は小規模で基本的に一室空間だった。大家族は解体され夫婦と子供を単位とする核家族が生まれた。新生日本の民主主義社会は核家族を単位として成立すると考えられていた。小さな一室空間住居は核家族の生活の容器として設計された。家族のメンバーは小さくても平等におのおののコーナーをもち、南向きの明るいＬＤＫに置かれた明るい台所は女性の解放を表していた。

１９６０年代から70年代にかけての高度経済成長期にはハウスメーカーが続々と生まれ、都市郊外に戸建て住宅を大量に供給し始める。住宅の規模は徐々に大きくなり個人の自立は個室の確保であるという考え方のもとに住空間は個室に分化してｎＬＤＫ住宅の型が確立する。受験戦争の激化は子供部屋の分化をさらに加速化したが、他方ではそれは子供を家族から切り離し家族の解体を推し進めることにもなった。１９９０年代になると社会的にも個室の分化と家族の解体の関係に対する反省が散見されるようになる。住戸数の上では住宅不足はすでに解消されたので住宅の質の向上が唱えられるようになる。家族構成やライフスタイルの多様化が進んだのもこの時期だといってよい。「箱の家００１」が生まれたのはまさにそのような転換期である。僕自身にとって

「箱の家００１」の誕生は必然的ではあっても、それを受け入れる社会的な状況があったからこそ、その後の展開が生まれたのである。

以上から戦後モダニズムの一室空間と箱の家の一室空間は、同じ一室空間であってもその意味は逆の方向を向いているといってよい。前者は核家族がこれから生まれる民主的な社会を支えていくというポジティブな意味の一室空間だが、後者は解体に向かいつつある家族という社会制度をつなぎとめるネガティブな意味の一室空間である。要するに住宅をつくることは、意識的にせよ無意識的にせよクライアントが期待する家族像へ向けての期待の表れであり一種の決断なのである。

箱の家の一室空間住居が受け入れられた背景には以上のような社会状況があった。とすればそれは今後の社会状況の変化に応じて当然変化していくと思われる。近未来の少子化・高齢化社会においては一室空間はどのように変わるだろうか。僕としてはその方向を意識的に推進していきたいと考えている。単身者家族や片親家族など家族構成の多様化に伴って家族やコミュニティの再編成が進み、一室空間は柔らかく分化し、戸建て住宅でありながらも一種の集合住宅のように変容していくだろうというのが僕の予想である。

6　一室空間の小さな家

戦後から今日に至るまで、日本の住宅の平均的な面積は徐々に大きくなってきた。住宅の広さは住宅の質の重要な条件だと考えられたからである。ではこれからも住宅の規模はさらに大きくなっていくのだろうか。僕はそうは考えない。地球環境の問題が注目されるようになった１９９０年代以降、それまでひたすら拡大してきたエネルギー消費を抑えるための有効な方法として、都市を集中化・集積化し効率的なエネルギー消費を目指すコンパクトシティの考え方が浮上した。コンパクトシティは近未来の人口減少と少子高齢化にふさわしい都市のあり方に対するひとつの解答だと考えられている。コンパクトシティとは効率的に集積された都市であり、それを構成する住宅はコンパクトで機能的に組織化された住宅である。

３・11の震災が襲った東北地方は、それ以前にすでに人口減少と少子高齢化が進行し問題となっていた地域である。したがってその復興計画は日本の都市の将来像を先取りしたコンパクトシティがふさわしいと考えられる。３・11の震災は近未来の日本の都市のあり方とそれを構成する住宅のあり方に根本的な問いを投げかけた。われわれはこれを機会にこれまでひたすら拡大を続けてきた住宅の規模についても、あらためて考え直してみるべきではないだろうか。

僕は3・11の震災で初めて実現することになった木造仮設住宅の設計の経験から、一室空間の小さな家の可能性を強く感じるようになった。一室空間の小さな家は建設のための資源とエネルギーを必要最小限に抑える。かつてミース・ファン・デル・ローエはモダニズムの美学として「Less is More」を提唱した。これに対してバックミンスター・フラーは「More with Less」というテーゼを対置している。これはまさにコンパクトシティの原理だと言ってよい。小さな家を設計するには住宅を成立させている条件を徹底的に洗い出し、それを重ね合わせてコンパクトにまとめ上げなければならない。小さな家を建設するには高性能な部品群と細かな寸法を無駄にしない精度の高い構法が要求される。小さな家を住みこなすには小さな空間の中で生活のアクティビティ（行為）を合理的に再編成しなければならない。その結果一室空間的な住宅が生み出される。物理的に小さなスケールの住宅であっても空間を細分化せず一室空間的に再編成すれば心理的には大きく感じさせるようなデザインが可能である。近代建築家たちはそのような方法を延々と追求してきた。高性能でコンパクトな「一室空間の家」。これこそが今後われわれが追求すべきテーマである。一室空間の小さな家に関しては建築家、建設業者、部品メーカーのみならず住み手に対しても高度でフレキシブルな対応が求められる。つまり小さな家は住宅の新たなイノベーションの無限の可能性を孕んでいるともいえるのである。

第４章　箱の家の構法

1　初期在来木造シリーズ

初期の箱の家は、在来木造と鉄骨造のふたつのシリーズが並行して進められた。箱の家の最も重要な条件はローコストなので、構造システムは、在来木造の軸組構法からスタートしている。「箱の家００１」の在来構法は極めて単純である。第1に主要な軸組材は柱１０５㎜角、2階床梁１０５㎜×２４０㎜、屋根梁１０５㎜×１８０㎜の3種類の必要最小限に抑え、大工工事は極めて単純化している。第2に平面計画は90㎝モデュールのグリッドに従って展開し、階高は階段１段の蹴上げ寸法である18㎝の13倍の２５２㎝に決め、これによって３×６尺（９１０㎜×１、８２０㎜）の構造用合板や仕上げパネルが無駄なく使えるように寸法調整している。第3に工事職種を最小限に抑えることがローコストの第一条件なので、構造体や仕上げ工事だけでなく家具工事までも大工工事に組み込んでいる。台所は大工工事による箱型のカウンターに既製品のレンジやシンクを組み込んでいる。

箱の家は当初からサステイナブル・デザインを目指していたので構法や設備のシステムもその方向で組織化されている。まず正方形平面にこだわったのは床面積当たりの外壁長が最も短くなる平面形だからである。外壁長が最短になれば使用する外壁材料の面積も最小化され、それに伴って熱負荷も最小化される。吹き抜け空間を入れることによって階高を最小限に抑えている。

外壁の断熱法については、初期の在来木造シリーズでは１００㎜厚のグラスウール断熱マットを間柱の間に挟むごく普通の方法を採っていた。第2章の「柳井の町家」でも述べたようにグラスウールマット断熱材の場合、通常は外壁下地に構造用（耐水）合板を張って耐力壁とし、その上に防水紙を張り通気層を確保した上に外装材を仕上げる。おそらく現在でもツーバイフォー構法をはじめとする多くの木造構法がこの断熱法を採用していると思われる。しかしこの断熱法には大きな落とし穴がある。もしも室内の湿気がグラスウール層に浸入するとグラスウールの外壁側で結露する可能性が高い。しかしそこには耐水合板があるので結露水は行き場がなくて溜まってしまい、湿気で濡れたグラスウール断熱材の断熱性能を激減させるだけでなく土台や軸組を腐蝕させる恐れがある。この現象は外からは目視できないだけに大きな問題である。

僕の経験では「柳井の町家」を含む１９８０年代初頭に設計した一連の住宅で一般的なこの断熱法を採用した。十数年後に改築することになり内装の壁パネルを除去したところ、グラスウール断熱材に結露水が溜まり断熱マットは水の重みで土台までずり落ちているのを発見し肝を冷やしたことがある。外壁だけでなく床の断熱でも同じような結露現象が生じていた。僕は同じ断熱法を採用している大手のハウスメーカー数社にこの問題について問いただしたことがあるが、室内側に防湿シートを張っているので断熱ゾーンに湿気が浸入することはないという答えが返ってきた。しかしながら防湿シートだけで湿気の浸入を防げるかどうかはかなり疑わしい。防湿シートの接合部を完全にシールすることは不可能に近いし、断熱層内には配線や配管が通されコンセントや壁照明のボックスは間違いなく防湿シートに穴を開ける。大手ゼネコンの研究所で検証したところ実験室で防湿層の工事を完全に管理しても約２時間で壁内の湿度が室内と同じになり、グラスウールマット断熱材によるこれまでの構法の決定的な欠陥が明らかになった。ツーバイフォー住宅の大部分はこの断熱法なので大きな問題である。

この問題を解決するために「箱の家００１」では次のような断熱法を考案した。まず筋交を耐力壁とし、外壁には合板を張らず間柱の外側に直接透湿防水シートを張り、通気層を確保した上で外装材を張った。要するに壁の断熱材内で結露することを前提として、外壁側の通気層を通して結露水を外気に蒸発させるようにしたのである。しかしこの断熱法では結露の問題を解決できる代わりに外壁の遮音性能が損なわれることが分かった。そこでしばらくの間は構造用合板を間柱の室内側に取り付ける構法を試みた。しかしこの構法では壁と床の構造用合板相互の取り合いが難しく長続きしなかった。最終的にこの問題の解決は、防湿層に湿気を浸入させない発泡断熱材のパネルによる外断熱構法を採用することによって成し遂げられる。この点については後に詳しく述べる。

２　初期鉄骨造シリーズ

　初期シリーズは「箱の家０２２」までである。前述したように、在来木造シリーズでは構造、構法、材料、設備のシステムを徹底的に標準化しコストパフォーマンスの最適化を目指した。その結果、敷地や家族構成に応じて平面と規模は異なるが外観のデザインは同じような印象になった。初期在来木造シリーズの最後の「箱の家０２１」は、敷地条件と家族構成が「箱の家００１」とほぼ同じで、平面や外観も酷似しているが、構法の仕様と性能はかなり改良されている。この住宅が完成した時、在来木造シリーズはこれ以上の展開は望めないだろうと判断し、いったん休止することにした（図４-１）。

　他方、初期の鉄骨造シリーズは構造・構法システムは在来木造シリーズと同じように標準化しているが、敷地や家族構成の条件がそれぞれ特殊なので結果的に多様なデザインになっている。まず木造よりも大きなスパンをとばせる鉄骨造のメリットを生かしながら住宅の身体的スケールを考慮して構造フレームは木造に近いサイズに納めたいと考えた。さまざまな試行錯誤の結果、平面モデュール１・８ｍ、最大スパン５・４ｍとし、構造フレームは柱Ｈ-１５０×１５０、２階床梁Ｈ-３００×１５０、屋根梁Ｈ-１９８×１５０という１５０㎜幅シリーズのＨ形鋼に標準化している。耐震用の鋼管ブレースも標準システムに組み込んでいる。箱の家以前にはＨ形鋼１００

㎜幅や１２５㎜幅のシリーズを試みたが、建方や現場溶接の手順を検討すると接合部のディテールがクリアに整理できなかったのである。

「箱の家００３」は2世帯の重箱型長屋でフレーム材は標準サイズだが、2階に大きな空間を要求されたのでラチスシェルによるヴォールト屋根を採用している。鉄骨造の面白さは複雑な構造も工場で部品を製作し現場で組み立てることができる点にある。この住宅の屋根にはラチスシェルを用いているが、円形断面のラチス部品を工場で製作し現場ではボルト留めするだけで組み立てられた。住宅レベルでもラチスシェルの構造解析ができるようになったのは１９９５年のＷｉｎｄｏｗｓ95の発売以後コンピューターによる複雑な構造計算が可能になったことの結果である（図4-2）。

「箱の家０２１」で在来木造シリーズの行き詰まりを感じた時、在来木造と鉄骨造の2種類の構法シリーズを統合することを思いついた。在来木造シリーズの平面プランには一般性があり多様な家族構成に適用できる。鉄骨造シリーズは何種類かの試みを通じてH形鋼１５０㎜幅シリーズによるフレーム構造に収斂していた。そこで「箱の家０２２」において両者を合体させようと考えたのである（図4-3）。敷地は川口市の新興住宅地で周囲を畑地に囲まれた平坦で快適な環境である。広さは十分にあり、箱の家の典型を追求するのにふさわしい条件である。家族構成は夫婦に子供3人の核家族なので、平面計画では標準化を徹底し、夫婦寝室と子供室をすべてアルコーブ形式

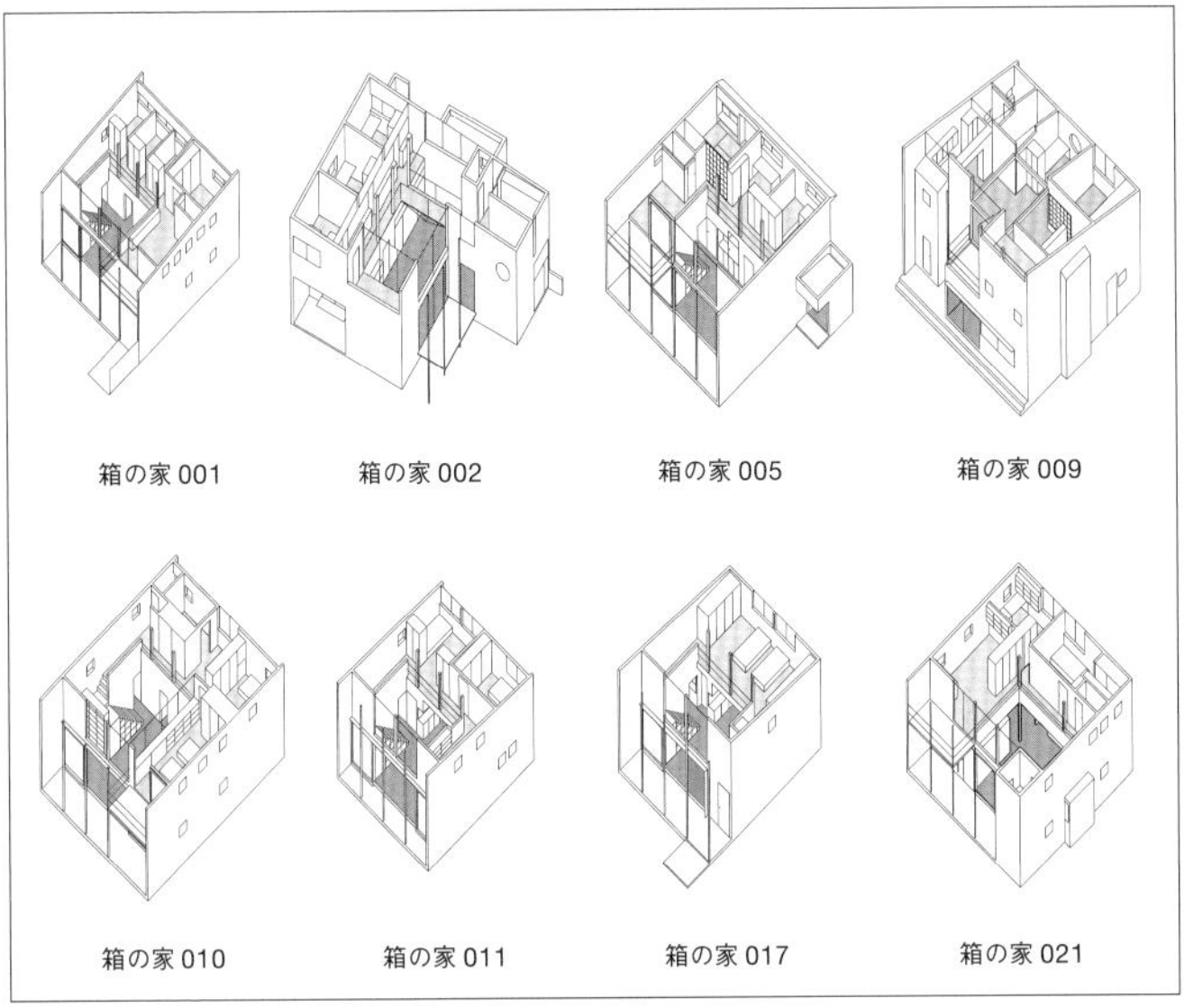

図4-1　箱の家木造在来シリーズ

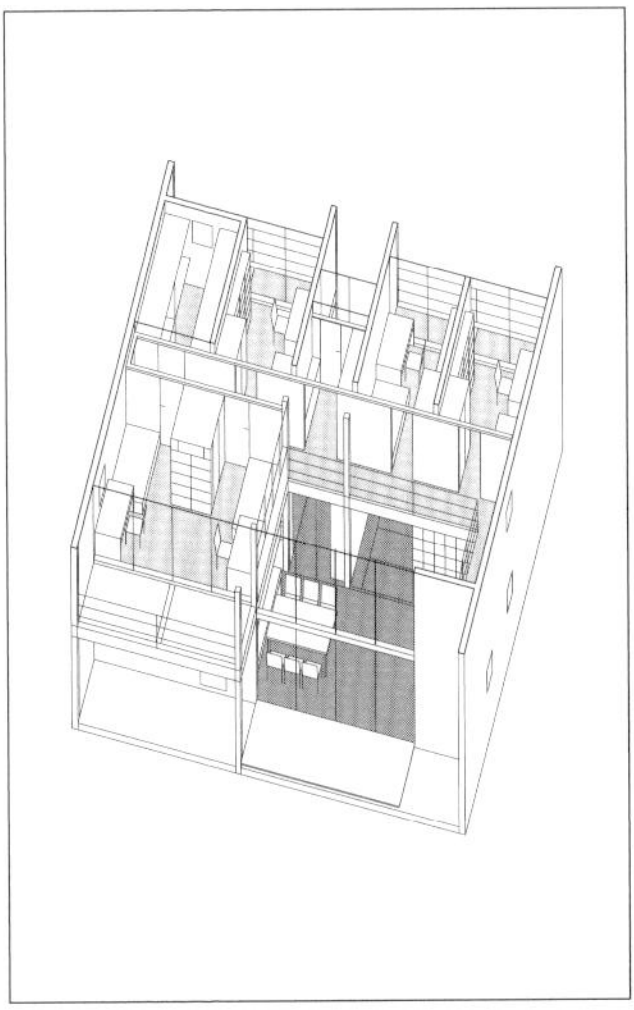

図4-3　「箱の家 022」全体アクソメ図

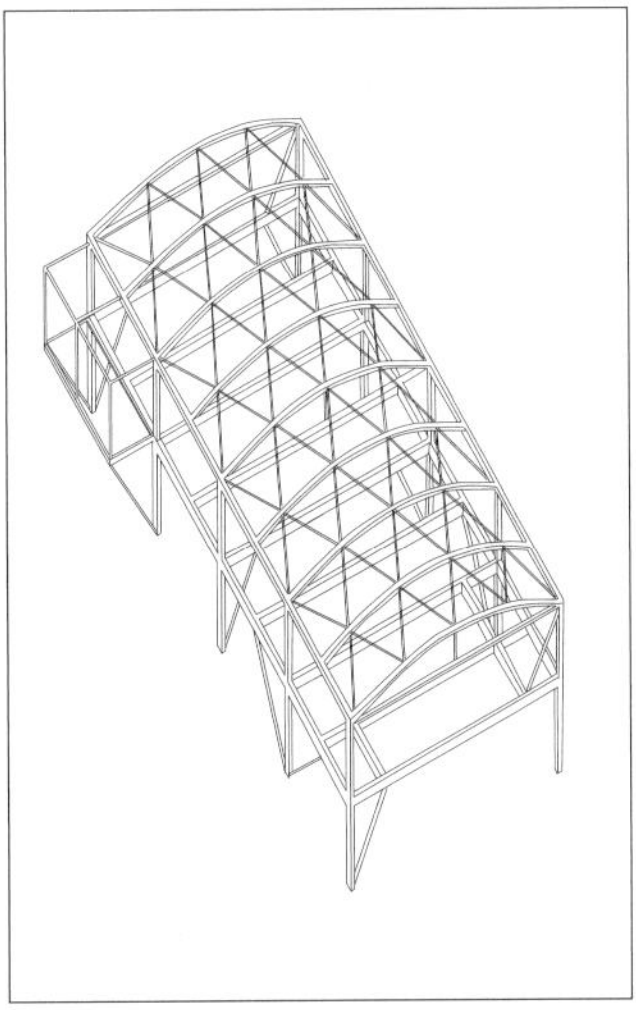

図4-2　「箱の家 003」構造アクソメ図

図4-4 「箱の家022」

図4-5 アクアレイヤー・システム

にした（図４-４）。標準通り柱１５０㎜×１５０㎜、2階床梁３００㎜×１５０㎜、屋根梁１９８㎜×１５０㎜のフレーム構造で、デッキプレート上に軽量コンクリートを打った2階床スラブは３００㎜の梁成の幅内に納め、キーストンプレート上に木造の垂木を敷いた屋根スラブも１９８㎜の梁成内に納めた。この結果、南北面は柱梁のフレームだけで構成される単純明快なファサードになった（図４-４）。東西外壁や屋根防水では断熱性能と通気性を保ち構造フレームのコンポジションを阻害しない納まりを追求した。それまでのガス温水床暖房（ＴＥＳ）に換えて1階床下の土間スラブ上に水の袋（アクア・セル）を敷き込み深夜電力で蓄熱する水蓄熱式床暖房（アクアレイヤー・システム）を採用した（図４-５）。冬季の日射によるダイレクトゲインの蓄熱やアクアレイヤーからの伝熱の効果を高めるため、床仕上げにフレキシブルボードを採用した。

3　鉄骨造シリーズの陥穽：ヒートブリッジ（熱橋）

完成してから1年程経過した寒い冬の日にクライアントから連絡が入った。台所に近い2階の床梁に結露しているという報告だった。それまで箱の家では高窓にも鉄骨にも結露したことはなかった。断熱性能は十分に確保されていたし吹き抜けの気積も十分に大きかったからである。外壁では断熱材の外側に通気層を確保し壁内結露を防いでいた。その時は台所換気扇を定常的に稼働しアクアレイヤーの設定温度を上げて相対湿度を下げると結露しなくなった。ちなみに1g（1cc）の水の温度を1℃上げるための熱量は1calだが（最近ではジュールを使うが僕たちの世代はcalで習った）、同じ1gの水を水蒸気に変える（相転移させる）には539calが必要になる。つまり結露は単に汚れやカビの原因になるだけでなく、膨大な熱損失をもたらすのである。

その後、在来木造シリーズと鉄骨造シリーズの光熱費を比較してみて愕然とした。鉄骨造の方が床面積あたりの光熱費が10~15%も高かった。その差をもたらしているのは明らかに鉄骨造におけるヒートブリッジである。木材に比べれば鋼鉄の熱伝導率はかなり高い。在来木造シリーズでは耐候性を確保するために構造体を外部に露出しないが、鉄骨造シリーズでは構造部材をすべて内外に露出しているのでヒートブリッジが生じるのは必然的だった。「箱の家０２２」は初期シリーズの統合解であると同時に鉄骨造の熱性能の問題点を浮かび上がらせることになった。これ以降「箱の家０６４」でヒートブリッジの解決策にたどり着くまで、鉄骨造シリーズはいったん休止することにした（図４-６）。

　それにしても鉄骨フレームのコンポジショナル（構成的）なファサードは近代建築が生み出した新しい表現の可能性のひとつである。イームズ夫妻の「ケーススタディ・ハウス№８」は気候の温暖なロサンゼルスにあるから大きな問題はないとしても、寒冷地のシカゴに建っているミースの「レイクショア・ドライブ・アパートメント」や「ＩＩＴキャンパス」や近郊の「ファンズワース邸」は、ヒートブリッジを無視しなければ成立しないデザインである。建設当時は省エネルギーというプログラムはなかったからやむを得ないとはいえ、これらの建築は現在も使われ続けている。今ではパリの名所になっている「ポンピドゥー・センター」では鋳鋼のガーブレットやスチールの軸組だけでなく外装を支えているスチールのマリオンも完全に外部に露出している。これらの建築の消費エネルギーはどうなっているのだろうか。１９８０年代に勃興したハイテック建築では、繊細なスチールの構造体が蜘蛛の巣のように外部に張り出していた。要するにヒートブリッジの塊の

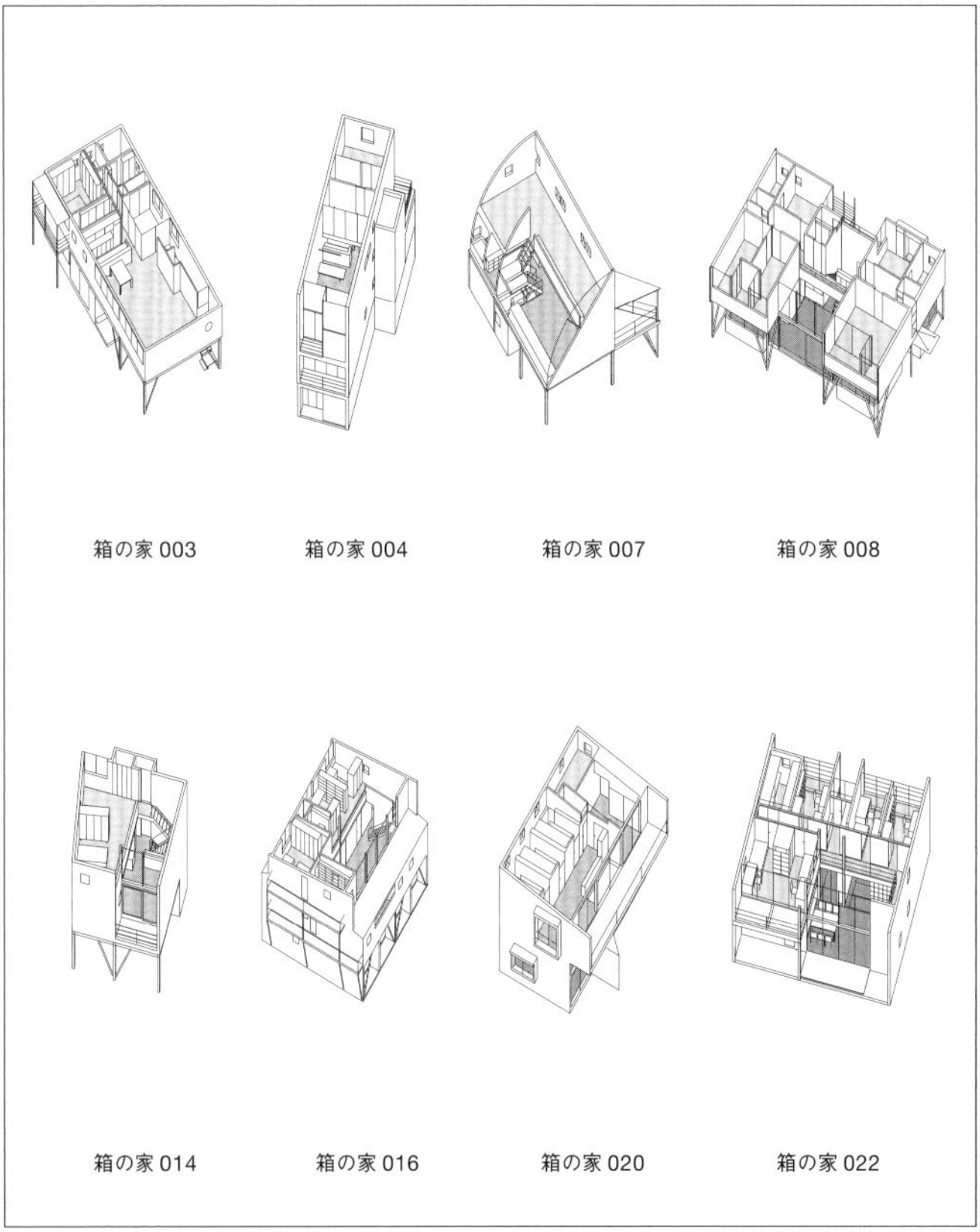

図4-6　箱の家鉄骨造シリーズ

ような建築である。構造計算がコンピューター化され複雑な構造システムが実現できるようになったために生まれたデザインだが、エネルギーの条件はほとんど考えられていないことが分かる。しかし１９９０年に出現するエコテック建築になると、同じ建築家によるデザインでありながら、建物全体の構造体を被膜で包み込むような表現に変わり一挙にヒートブリッジのないデザインに転換する。このような表現上のドラスティックな変化は省エネ問題に対する構法上の対応策であることは間違いない。

　このような状況があるとはいえ、性能と表現と二者択一的に対立させるのは生産的ではないだろう。しかし建築家であれば少なくともこの問題には自覚的であるべきだろう。これまでほとんど考慮されることがなかったエネルギーという新しい条件を取り入れることによって新しい表現を生み出すこと。僕としてはヒートブリッジを消去しながらも鉄骨造のコンポジショナルな表現を生み出すこと。この課題が後の実験住宅アルミエコハウスや鉄骨造シリーズで追求したテーマとなったのである。

4　アルミエコハウスの構法実験

近代建築史の中でアルミニウム建築は何度も出現しているが成功した例はほとんどない。構造材料として鋼鉄よりも強度が弱く高価である上に、熱的特性の面でも扱いが難しいことが主な理由である。しかし加工がしやすく精度が高いので、これまでは主にアルミニウム・サッシとして使われてきた。「実験住宅アルミエコハウス」はアルミニウムの再生可能性に注目して構造材にもアルミニウムを使ったプロジェクトである。その意味で「実験住宅アルミエコハウス」は「建築の四層構造」の総合的な検証例となった（図4-7〜11）。平面グリッドは３・６ｍ×３・０ｍ、外壁アルミニウム断熱パネルの最大製作寸法は幅60㎝×長さ５ｍで、このモデュールに従って平面計画と断面計画を組み立てている。柱、梁、ブレースだけでなく外壁パネル、屋根パネル、屋根ダブルスキンのフレーム、２階床スラブ、階段、サッシ、ルーバー、台所設備、家具類まですべてアルミニウム製である。床仕上げ材はペットボトルと木チップを混合し押出成形した再生木材である。押出成形技術はアルミニウムの技術である。平面プランは箱の家と同じくそれぞれの家族が自分のコーナーをもち、吹き抜けはないがすべての空間が中庭に面している。１階は間仕切りのない一室空間で年寄りひとりで段差がない生活空間で住むことができるという想定である。このプランに収斂するまでには２００種類以上のプランニングをスタディした。さまざまなバリエーションを試みた結果、最終的に箱の家のシリーズには存在しない中庭プランを採用した。中庭やピロティなどで外壁の面積を大きくすることによって熱的条件のハードルを高く設定し、それを解決することで熱的性能の高い構法を生み出そうと考えたのである。外形デザインは箱の家と同じく単純な箱型にまとめてい

図4-7　「アルミエコハウス」外観

図4-8　「アルミエコハウス」内観

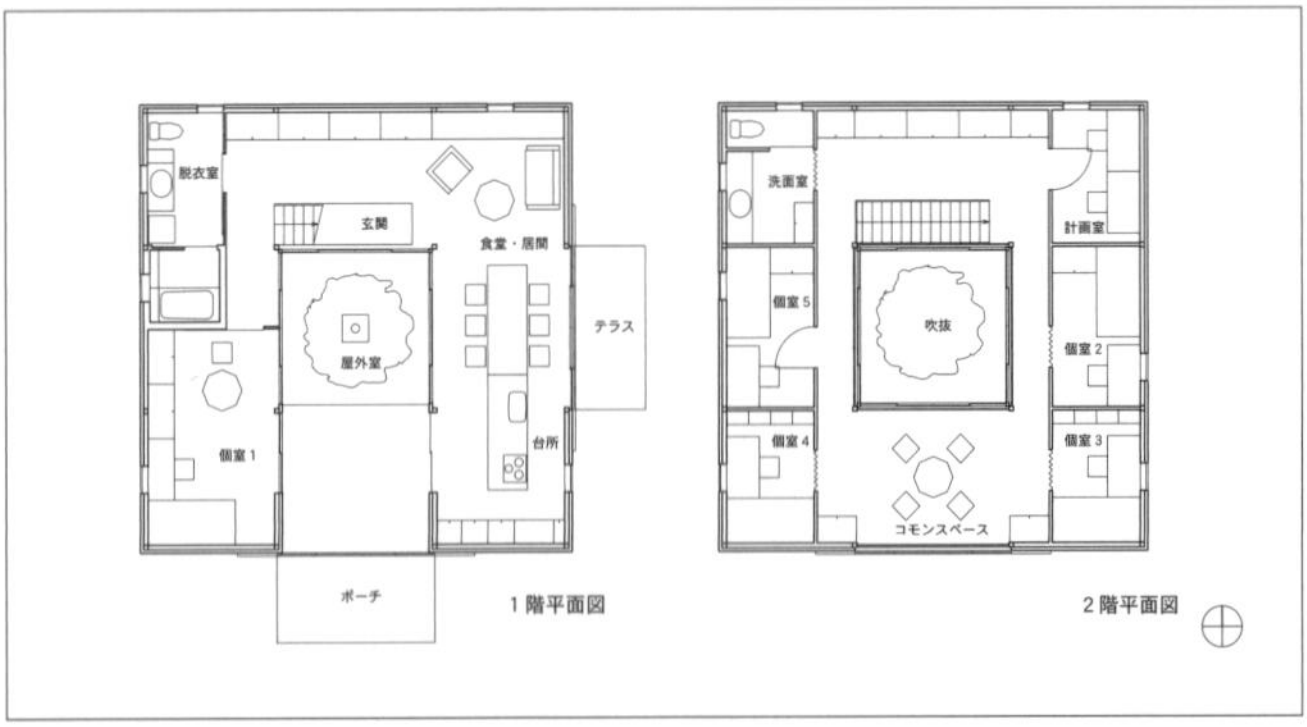

図4-9　「アルミエコハウス」平面図

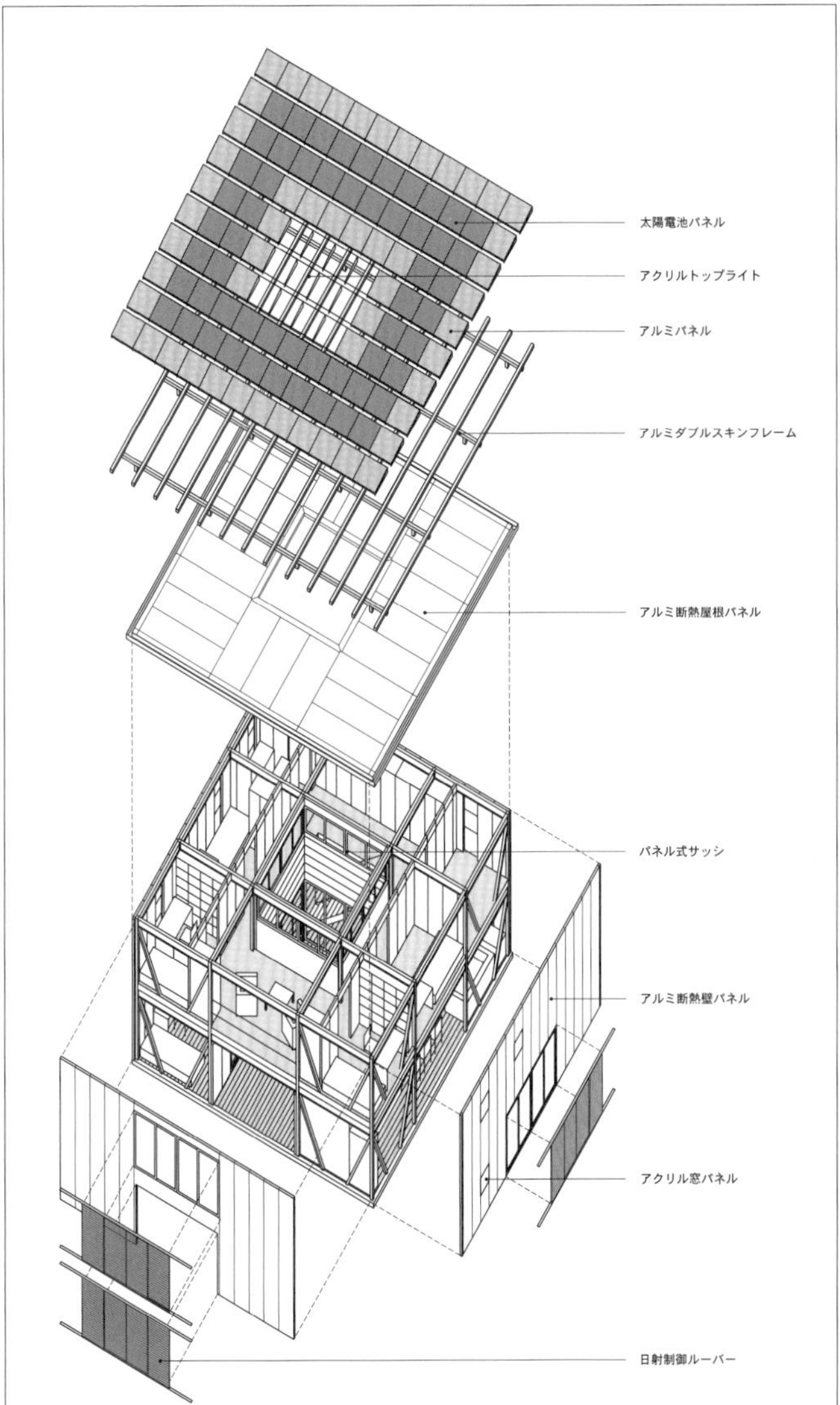

図4-10　「アルミエコハウス」組み立て図

A: アルミパンチングメタル　厚2mm
B: 太陽電池パネル
C: 取付金物　アルミPL　厚2mm加工
D: アルミ垂木　□-100×50×厚2.5
E: アルミ母屋　□-100×100×厚7
F: アルミ防水テープ（アスファルト防水材裏打）
G: アルミ断熱屋根パネル　厚120mm
H: 梁　アルミ押出形材　250×100
I: アルミ断熱壁パネル　厚75mm
J: フレキシブルボード　厚8
K: 吸音材　グラスウールボード　32kg／m²
　間仕切フレーム　アルミ　□-60×40×厚2@600
L: コルクタイル　厚5mm
　下地　制震マット　厚6＋F1合板　厚9
M: 配管・配線スペース
N: アクアレイヤー　厚90mm
O: アルミ根太　□-60×40×厚2@300
　防振ゴム@900
P: アルミハニカム床パネル　厚100mm
Q: Mウッド　厚35mm
R: アルミ根太　□-60×40×厚4@600
S: アルミ水切
T: スクリード（レベル調整断熱材）
U: ベタ基礎　厚300
V: 発泡断熱パネル　厚50

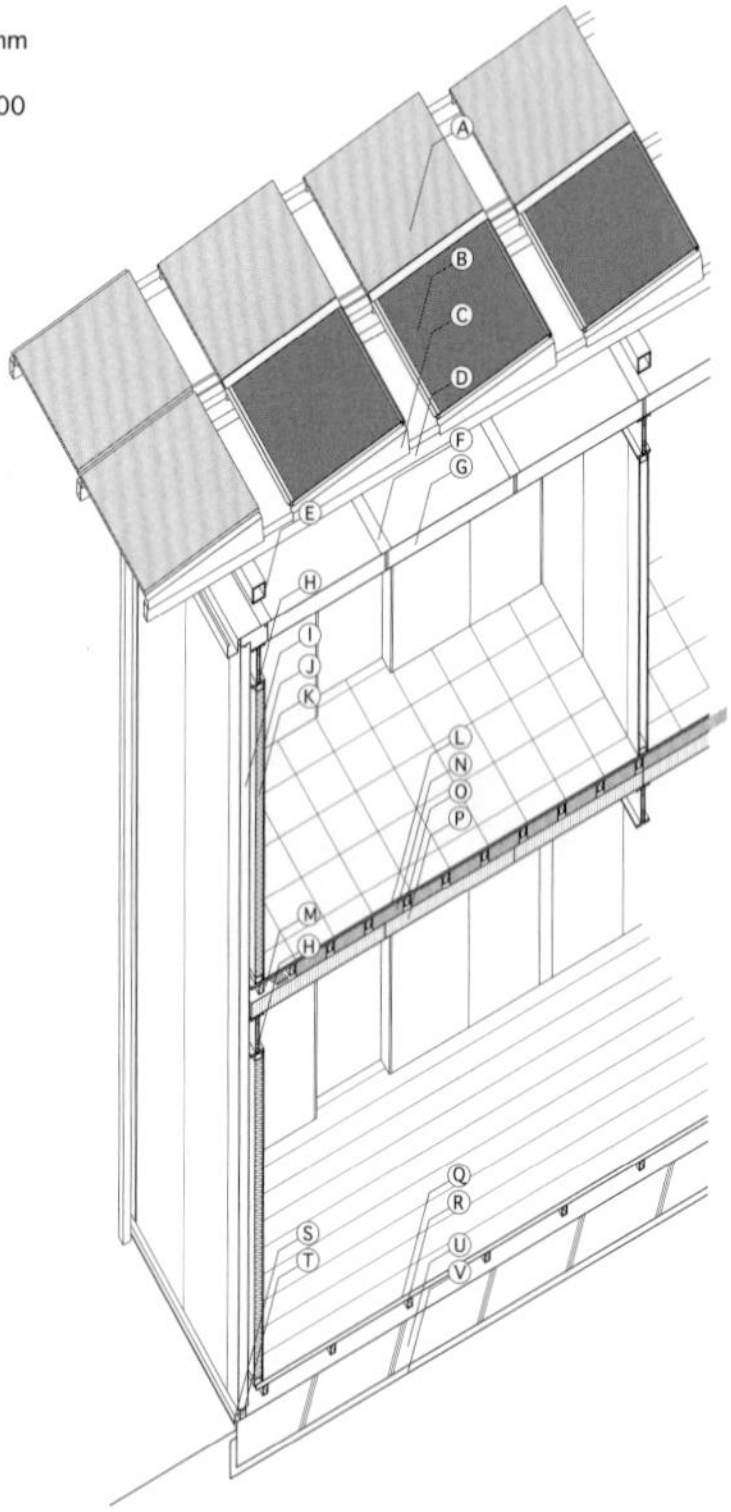

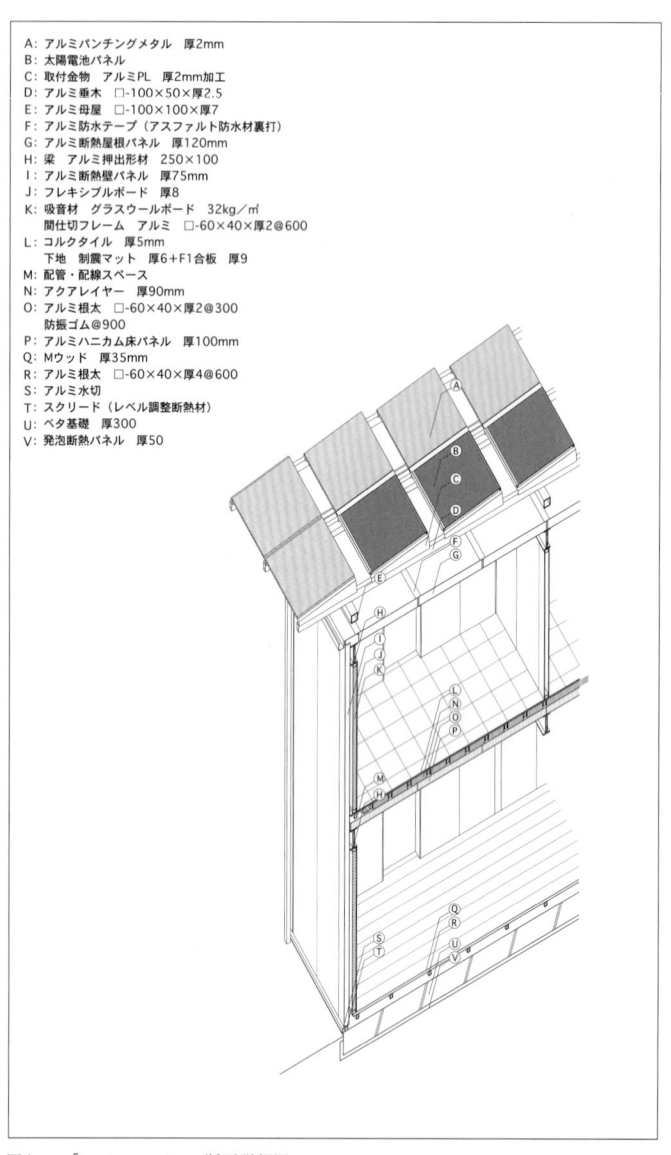

図4-11 「アルミエコハウス」断面詳細図

図4-12　「箱の家083」外観

る。解体して再度組み立てることができるようにすべてのジョイントはドライジョイント（乾式構法）としている。ほとんどの部品を工場製作したので現場作業は組み立てるだけで実質的に約1週間で完成した。その後6年間の居住実験を実施した後に解体し、すべての部品をバラバラにした上で再度組み立てる実験も行った。アルミニウムは鋼鉄以上に熱伝導率が高いのでヒートブリッジが生じないような断熱構法を考案することが主要なテーマとなった。ヒートブリッジを含めた熱的性能の条件に関しては、あらためて第6章「箱の家の環境制御」で詳しく説明するつもりである。

　この実験住宅に基づいて法的な構造基準が決まり、国交省の告示を経て確認申請の手続きがマニュアル化された。その手続きに従って初

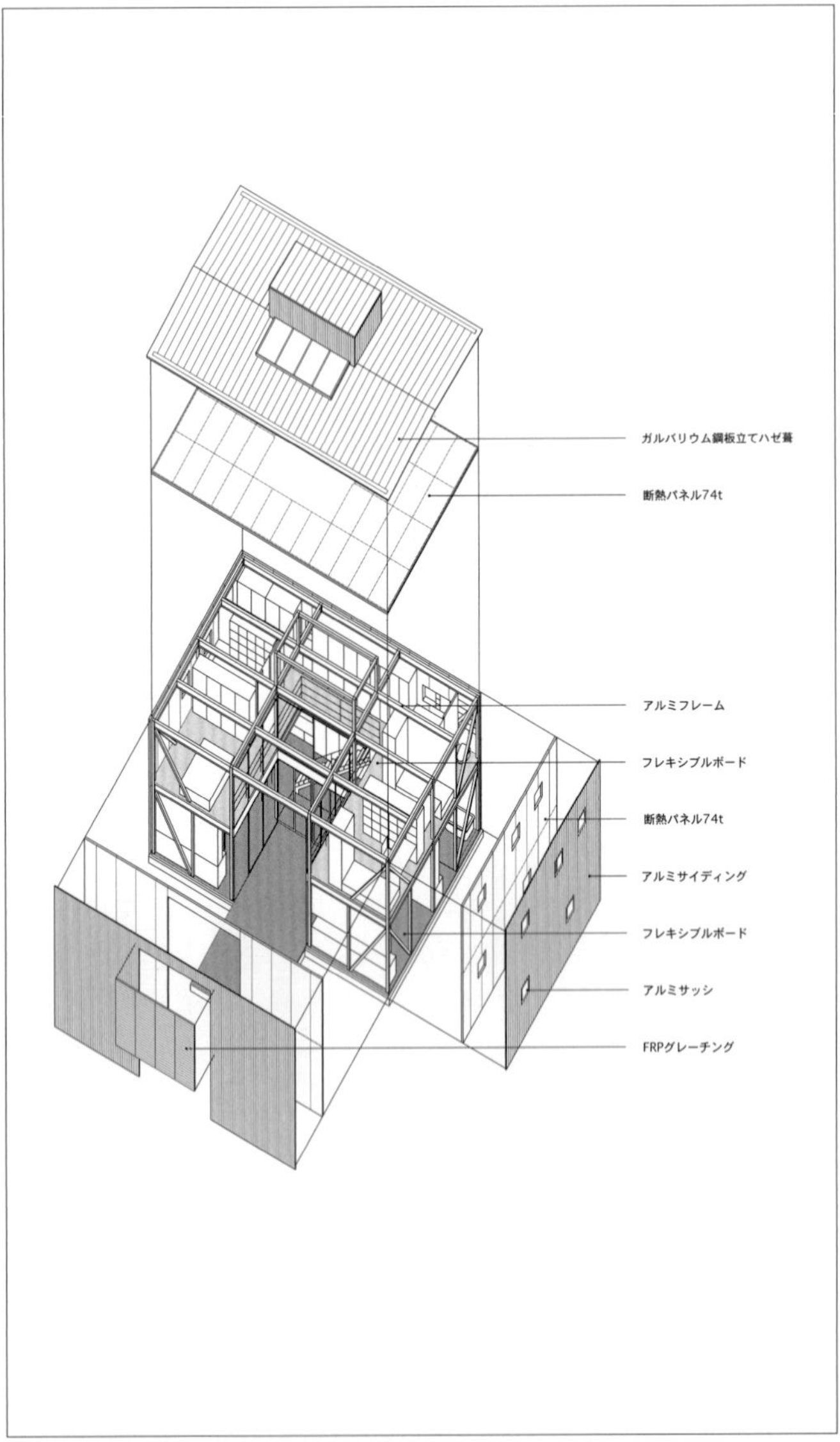

図4-13 「箱の家 083」組み立て図

A. 屋根：
ｶﾞﾙﾊﾞﾘｳﾑ鋼板0.4t立て ﾊｾﾞ 葺き
ﾎﾟﾘｴﾁﾚﾝﾌｫｰﾑ4t
ｱｽﾌｧﾙﾄﾙｰﾌｨﾝｸﾞ 22kg
ｾﾝﾁｭﾘｰﾎﾞｰﾄﾞ 12 t
垂木45×45
母屋90×90@900
B. 小屋裏通気層
C. 断熱ﾊﾟﾈﾙ74t
（OSB11t+ﾎﾟﾘｽﾁﾚﾝﾌｫｰﾑ55t+ｱｽﾍﾟﾝ8t）
D. 中ﾎﾞﾙﾄ@450
E. 現場発泡断熱材
F. 外壁：
ｱﾙﾐｽﾊﾟﾝﾄﾞﾚﾙ13t縦貼
通気層15t
防水透湿ｼｰﾄ（ﾀｲﾍﾞｯｸ）
G. ﾍﾟｱｶﾞﾗｽ
H. ｱﾙﾐﾍﾞﾝﾄｷｬｯﾌﾟ
I. ｱﾙﾐ梁（100×250）
J. 2F床：
ﾌﾚｷｼﾌﾞﾙﾎﾞｰﾄﾞ 8tUC
構造用合板12t
K. ｱﾙﾐ押出ﾊﾟﾈﾙ50t
L. 1F床：
ﾌﾚｷｼﾌﾞﾙﾎﾞｰﾄﾞ 8tUC
下地合板15t
M. ｱｸｱﾚｲﾔｰ60t（根太60×45@300）
N. 基礎ｽﾗﾌﾞ 250t
O. 配管配線ｽﾍﾟｰｽ
P. ｱﾙﾐ水切
Q. ﾌﾚｷｼﾌﾞﾙﾎﾞｰﾄﾞ 6t素地仕上
R. ｶﾈﾗｲﾄﾌｫｰﾑF Ⅲ ﾀｲﾌﾟ 50t打込
S. 砕石100t

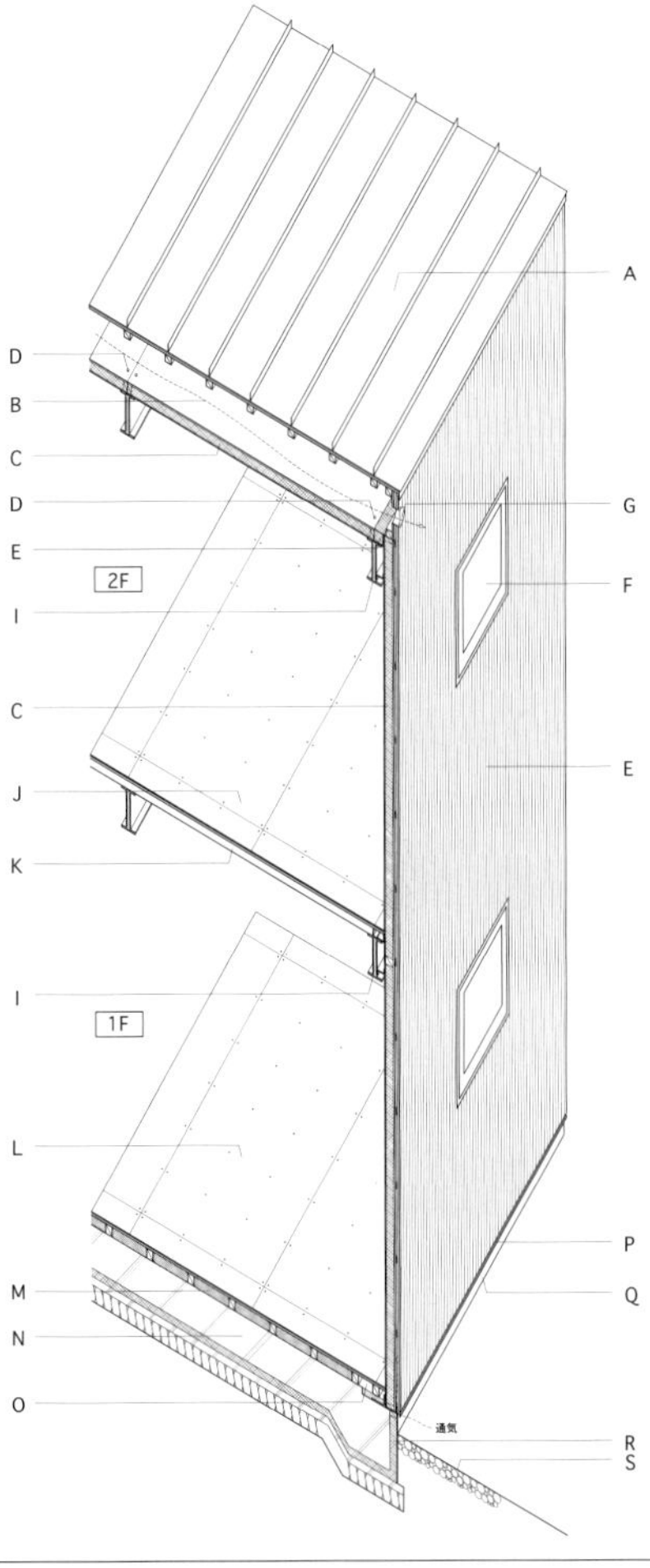

図4-14 「箱の家 083」断面詳細図

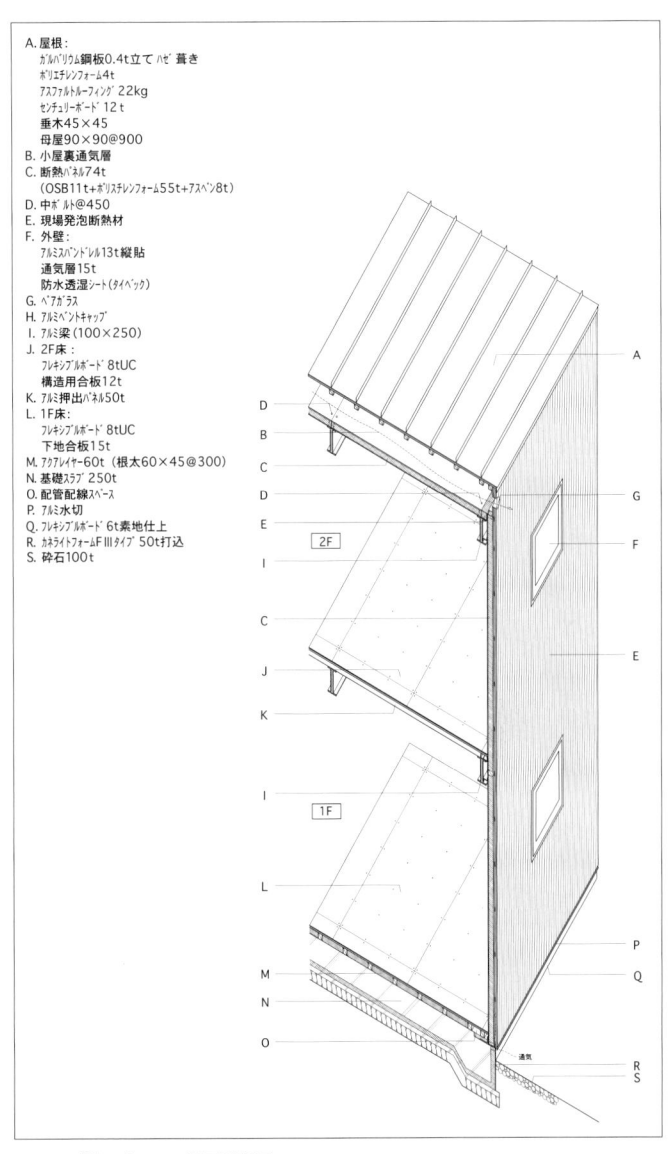

めて「普及版アルミエコハウス」すなわち「箱の家０８３」が建てられたのである（図4-12～14）。アルミエコハウスの実験からいくつかの問題点が浮かび上がった。耐震性や熱性能の問題は解決できることが検証されたが、最大の問題は遮音性能であることが明らかになった。アルミニウム断熱パネルは軽量過ぎるため遮音性能は薄いガラス程度しかない。遮音性能は都市住宅にとっては必須条件なので外壁にはある程度の重量が要求される。このため外壁と屋根の下地パネルとして、発泡断熱材をＯＳＢ合板でサンドイッチした断熱パネルを開発した。平面計画はアルミエコハウスと同じような中庭プランである。台所もアルミニウム製でイタリアの家具メーカーであるカッシーナと共同で20㎜厚のハニカムパネルにメラミンを焼き付けた化粧パネルと30㎜角のアルミニウムフレームでつくったキッチンカウンターを開発した。

5　集成材軸組構法と外断熱構法への転換

在来木造シリーズは「箱の家０２９」まで続いた。このシリーズの軸組材には安価な輸入木材を使っていたが徐々に品質が落ちてきた。最大の問題点は寸法精度である。赤松や栂などの輸入木材は杉材よりも強度があるが無垢材なので寸法精度はあまり期待できない。これに対し箱の家では軸組を除く下地パネルや外装材のほぼすべてが工業製品であり寸法精度は高い。「箱の家０２９」

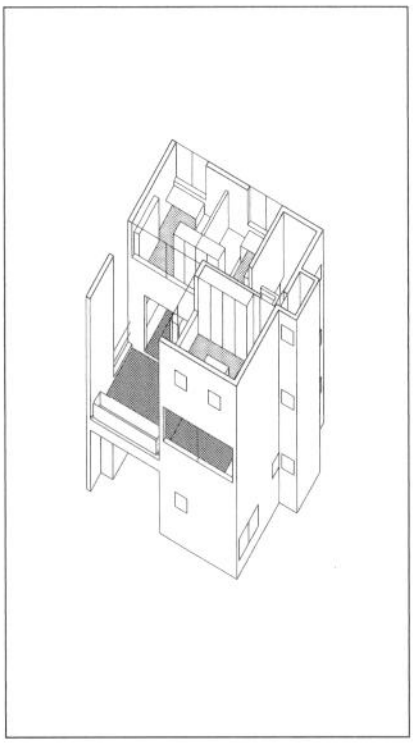

図4-15　箱の家集成材造シリーズプロトタイプ1

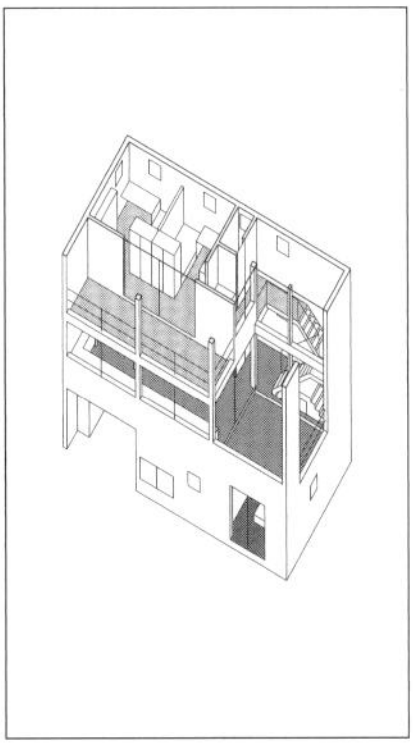

図4-16　箱の家集成材造シリーズプロトタイプ2

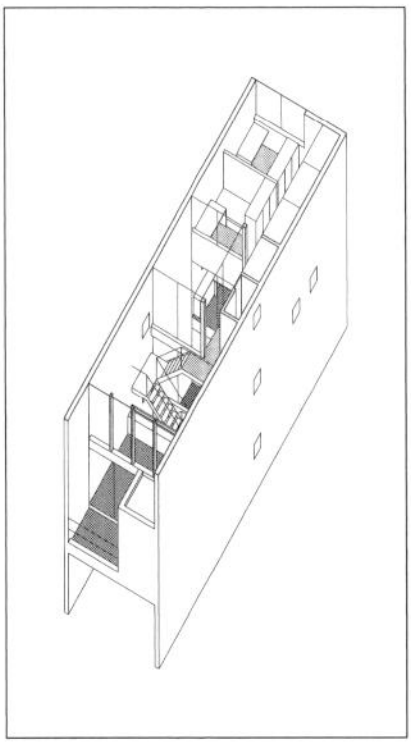

図4-17　箱の家集成材造シリーズプロトタイプ3

の建方が終わり仕上げ工事に着手した時、大工たちから軸組と他の部品との寸法精度に差がありすぎて作業がしにくいというクレームが出た。箱の家では軸組を現しにする上に仕上げは左官やクロスではなくすべて化粧合板やパネルなので、〈逃げ〉がないために軸組の歪みが吸収できないのである。この問題は「箱の家０３７」の工事で臨界点に達し大工がお手上げになってしまった。

ちょうど同じ時期に集成材を軸組に使ったＳＥ(Safety Engineering)構法の住宅展「ＳＥＬＬ ＨＯＵＳＥ展」に参加することになり(図4-15〜17)、さまざまなスタディを通してその精度の高さと鉄骨造に近い高精度のジョイント・システムに感心した。そこで「箱の家０３３」(図4-18)からは軸組を集成材に転換することにしたのである。ＳＥ構法には集成材の軸組だけでなく断熱方法にも特徴が

図4-18 「箱の家 033」

図4-19 「箱の家 040」

図4-20 「箱の家 049」

あった。発泡断熱材をＯＳＢ合板でサンドイッチした断熱パネルを屋根スラブに使用し、このパネルを直接屋根梁に取り付けることによって垂木を省略するとともに屋根の面剛性を確保している点である。ＳＥ構法はこのシステムで大臣認定を受けている。つまり集成材軸組構法と屋根の外断熱構法が一体になっているのである。断熱パネルによって屋根の面剛性を得ているのだとすれば、同じ断熱パネルを壁に使って外断熱と耐力壁を兼用することも可能ではないかと考えるのは自然だろう。そうすれば屋根の垂木だけでなく壁の間柱も省略できるからである。しかし集成材軸組と金物接合によって、ある程度ラーメン構造の効果を期待できるため、ＳＥ構法を開発したメーカーにはそのようなシステムへと展開させる関心はないようだった。そこで僕は「箱の家０４０」（図４-19）で、屋根と外壁に断熱パネルを張り回す構法を開発し、「箱の家０４９」（図４‐20）まで続けて使った。しかし耐力壁としての認定を受けていないために筋交かあるいは構造用合板の耐力壁を別に追加する必要があることと、在来の木工事に比べて断熱パネルのコストパフォーマンスが大きくは改善されないことが判明したので、この試みは休止した。さらに特許の関係で断熱パネルに使用している発泡断熱材をさらに性能の良い材に変えることができなかったことにも一因があった。僕としては外断熱構法を採用しながらシェルター（屋根と外壁）の断熱性能をさらにアップしたかったのである。その後、集成材を用いた軸組構法はプレカット加工とともに広く一般に普及し、接合金物もさまざまなタイプが開発されるようになった。現在では在来木造の軸組のほとんどは集成材に替わっている。しかし断熱パネルを用いた外断熱構法はなかなか普及しないようである。この問題については第５章「ＭＵＪＩ ＨＯＵＳＥ」で詳しく論じる。

6　ＬＶＬ（Laminated Veneer Lumber）の発見

ある雑誌（ＩＮＡＸブックレット　２０００年12月）のエンジニアリング・ウッド（工業化木材）特集の取材で木更津にあるＬＶＬの工場を訪ねたことがある。フィンランド製の巨大なＬＶＬ製造機によって３㎜厚、幅１・２ｍ長さ６ｍの紙のような薄い木材に接着剤が滴り落ち、次々と重ねられて最終的に厚さ45㎜、幅1・2m、長さ20mの人工木材へと加工されていく。隣の工場では同じように薄板に剥いだラワン材を接着しラワン合板が製作されていたが、工場の様子はＬＶＬ工場とは対照的だった。ラワン合板は東南アジアから丸太のまま輸入した原木を蒸気養生した上で回転させながら薄板に剥いでいき、それを接着剤で重ね合わせていく。工場内は蒸気と騒音で暴力的な風景が展開している。熱帯雨林を伐採し材木を切り出すだけなので、原木ラワンを輸出する国にとっては資源の搾取でしかなくフェアな取り引きとは言えないし、熱帯雨林破壊の何物でもない。しかしＬＶＬの場合は計画的に伐採された針葉樹の原木を現地の工場で3㎜厚の薄板にまで加工・乾燥し幅1・2m長さ6mのサイズに切り揃えて真空パックし、コンテナに隙間なく積み込んで日本の港まで運ぶ。コンテナに最もふさわしい軽量で高密度な効率的運搬法であり、現地工場においてある程度まで工業製品に加工するから、輸出入両国にとって対等でフェアな取り引きになっている。原産地はチリ、ニュージーランド、フィンランドなどである。日本の工場では真空パックされた薄板材を高速の強度測定器によって分類した上で端部をスカーフィングし（薄く削ぎ落とし）、構造用接着剤によって重ね合わせ合板状の板材を製作する。45㎜厚1・2m幅が標準材だがそれよりも大きな部材は標準材を組み合わせて製作する。集成材よりも2、3割増の強度をもつので、いわゆるエンジニアリング・ウッドの中では最も強度の高い人工木材である。ＬＶＬの接着剤含有率は13％で集成材の7％に比べるとかなり高いので木材と見なせるかどうかという

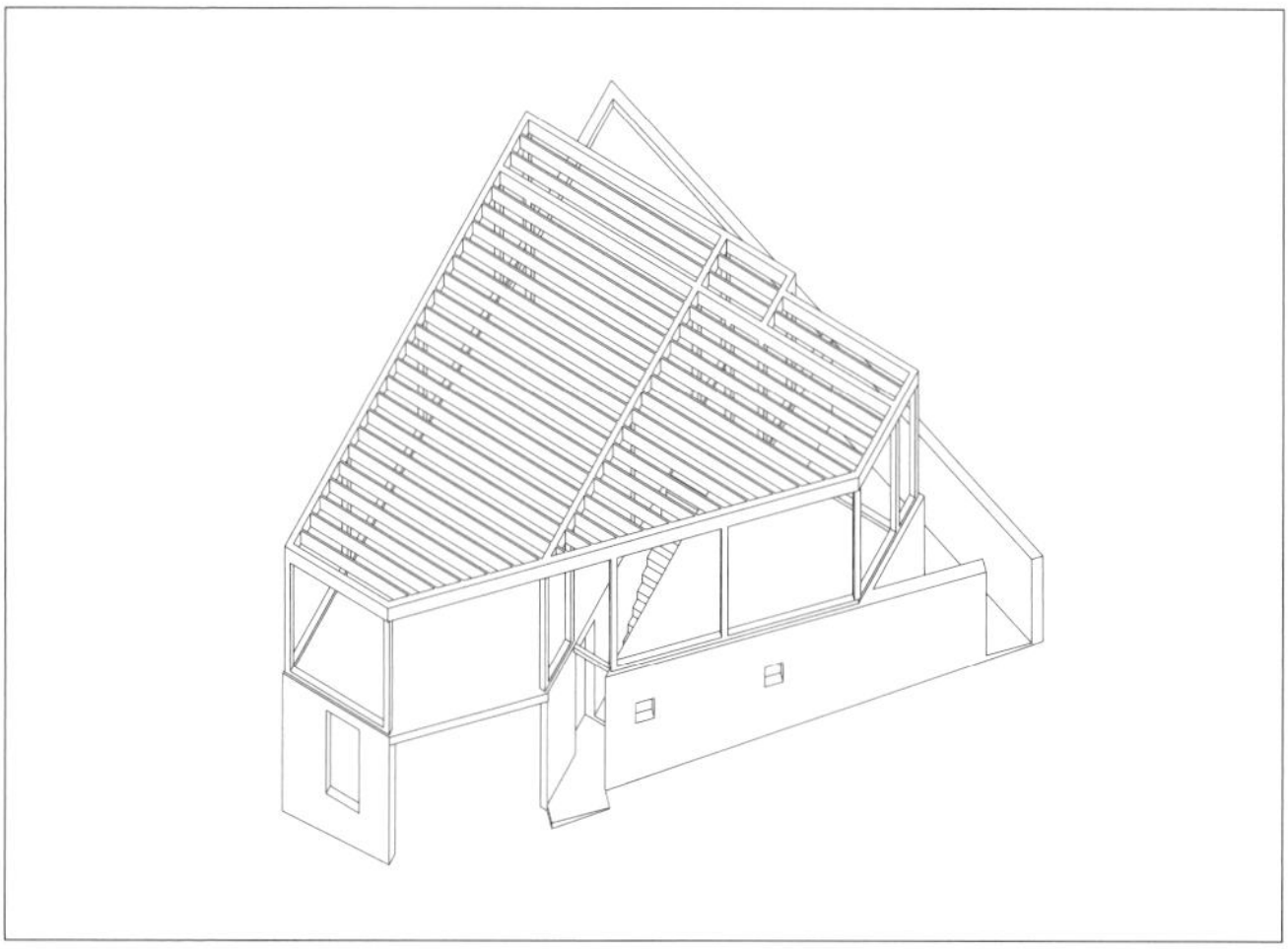

図4-21　「箱の家 048」構造アクソメ図

議論もあるが、僕としては今後のエンジニアリング・ウッドのあり方を示す構造材料だと考えている。

ＬＶＬを初めて構造軸組に使ったのは「箱の家０４８」である（図４-21）。この住宅では集成材をすべてＬＶＬに替えたが、強度は問題ないにしてもコスト的にまだハードルが高いことが分かった。その後の試行錯誤を経て、柱、2階床梁、外周梁など主要な軸組は通常の集成材とし、屋根梁だけを45㎜厚４５０㎜ピッチのＬＶＬ材とする構法に収斂した。そのような使い分けに至った理由は、2階の内部柱を完全になくして一室区空間性を強めるために、外周梁だけで屋根を支える構法に徹底するようになったからである。45㎜厚、４５０㎜ピッチのＬＶＬ梁は梁高を変えることによってスパンの変化に対応することが容易であるだけでなく、均一な天井面によって室内空間の一体性を強化し、さらには外壁と屋根の構造用合板下地を12㎜厚に標準化することによって屋根も壁も準防火構造が達成できる構法である。ＬＶＬ構造の導入に並行して外断熱構法も改良されていった。当初の発泡断熱材はエチレンフォームで断熱パネルにはこれが使われていたが、次にそれよりも断熱性能の高いウレタンフォームに変わり、現在ではさらに断熱性能が高くかつ不燃性でもあるフェノール樹脂発泡パネルに収斂している。サンドイッチパネルではなく単独のパネルとして使用しているが、これは施工コストよりも防火認定の規定のためである。

7　鉄骨造シリーズの外断熱構法

「箱の家０２２」でいったん休止した鉄骨造シリーズが再開するのは「箱の家０６４」（図4-22）からである。その前に鉄骨造ピロティの上に集成材造を載せ両者を熱的に切り離した混構造の「箱の家０５８」があるが、純鉄骨造シリーズが再開するまでにはかなり時間がかかってしまった。それにはいくつかの理由がある。ひとつは集成材造のＳＥ構法によって3階建てが可能になったことがある（「箱の家０６０」図4-23）。コストを優先すればＳＥ構法のほうが有利だからである。もうひとつの理由はさまざまな条件から外断熱ＲＣ造でつくらざるを得なくなった「箱の家０３９」

図4-22 「箱の家 064」

図4-23 「箱の家 060」

図4-24 「箱の家 039」

（図４‐24）の熱的性能が予想以上に高く快適であることを発見したからである。ＲＣ造の熱容量の大きさはアクアレイヤーと相まって室内環境の安定にとって極めて有効であることが分かったのである。しかしその後にいくつかの箱の家でＲＣ造を試みたがコストの面で折が合わず挫折した。

鉄骨造の外断熱構法は「実験住宅アルミエコハウス」ですでに開発済みだった。しかし以上のような条件があったため、なかなか実現に至らなかった。そうした中で、下町の軟弱地盤敷地という条件の下に鉄骨造シリーズは「箱の家０６４」で再開することになった。この住宅では鉄骨フレームが断熱パネルによって完全に梱包されている。この構法によってヒートブリッジは完全に解消された。しかし鉄骨の軸組は室内にしか現れていない。外観からは鉄骨造であるかどうかは判別できないのである。その後ガラス面を大きくして鉄骨フレームを外からも見えるようにした箱の家をいくつか試みたが、かつての「箱の家０２２」のようなキレのいいデザインは実現できなかった。

外断熱構法でヒートブリッジを解消しながら、なおかつ内外に鉄骨フレームを露出したのは「箱の家１１２」（図４‐25〜26）が初めてである。この住宅は南北に細長い敷地に建てられた町家的な平面計画で、南北に日射制御とサービススペースを兼ねたベランダをもっている。建物本体は断熱パネルと断熱アルミサッシによって完全に梱包されているが、南北のベランダは自立する鉄骨造として本体とは熱的に切り離されている。しかしこのベランダが建物本体に連続するようにデザインされているため、鉄骨造であることがはっきりと表現されているのである。やや冗長なシステムではあるが副次的な構造による環境制御の可能性を追求した例なので、さまざまな形で今後も展開できそうな予感がしている。ちなみにこの「箱の家１１２」は1階が事務所、2階が住居の職住近接住居であり、ライフスタイルと省エネルギーを結び付けたサステイナブルな箱の家であることを付け加えておきたい。

図4-25 「箱の家 112」外観

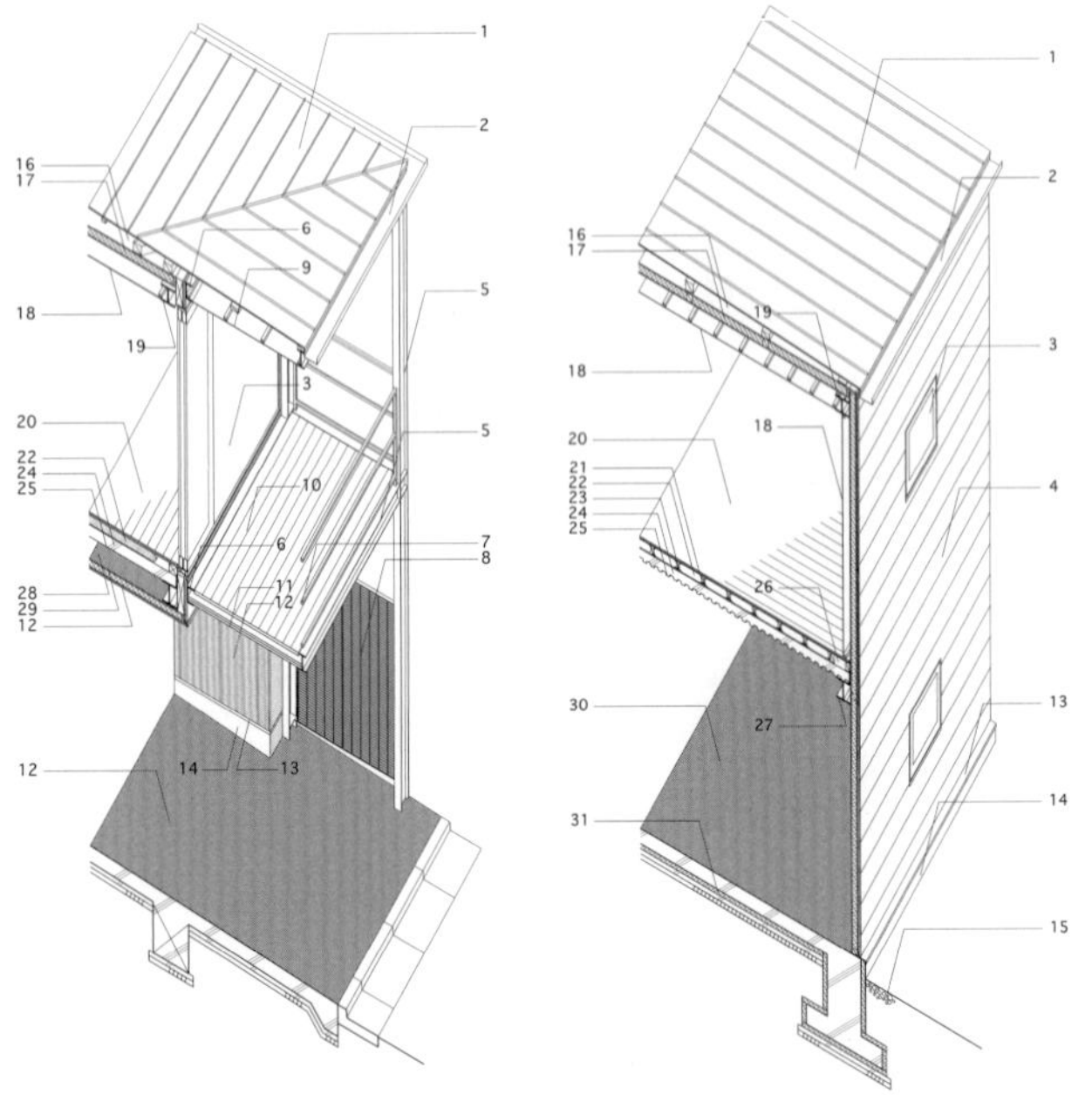

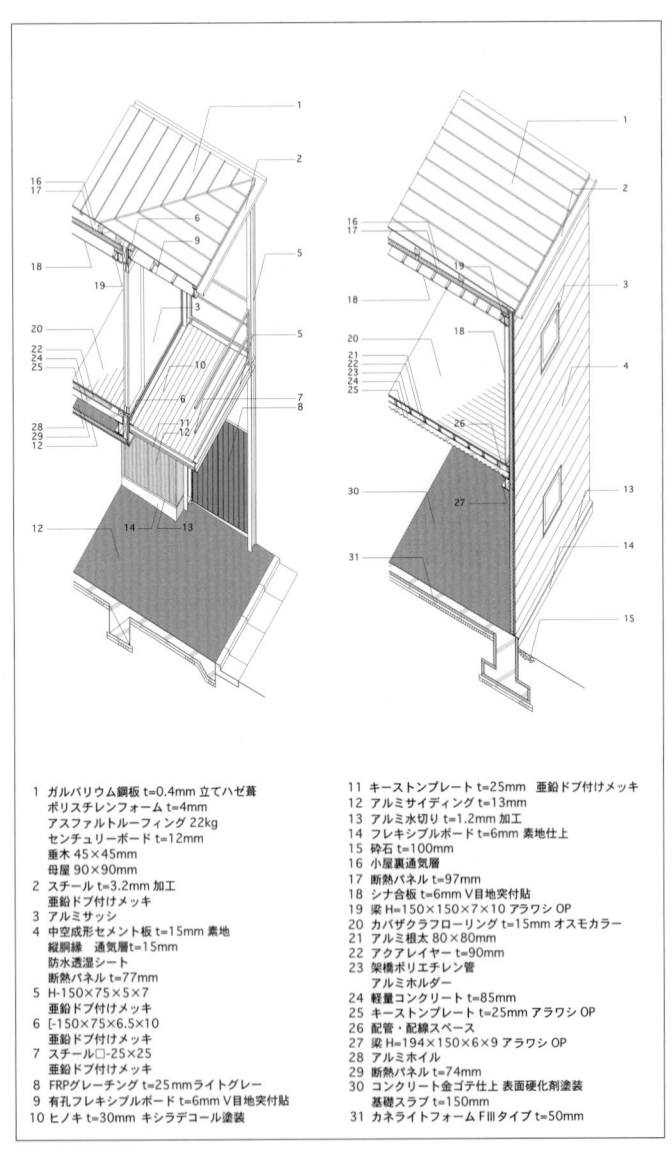

1 ガルバリウム鋼板 t=0.4mm 立てハゼ葺
ポリスチレンフォーム t=4mm
アスファルトルーフィング 22kg
センチュリーボード t=12mm
垂木 45×45mm
母屋 90×90mm
2 スチール t=3.2mm 加工
亜鉛ドブ付けメッキ
3 アルミサッシ
4 中空成形セメント板 t=15mm 素地
縦胴縁　通気層t=15mm
防水透湿シート
断熱パネル t=77mm
5 H-150×75×5×7
亜鉛ドブ付けメッキ
6 [-150×75×6.5×10
亜鉛ドブ付けメッキ
7 スチール□-25×25
亜鉛ドブ付けメッキ
8 FRPグレーチング t=25mmライトグレー
9 有孔フレキシブルボード t=6mm V目地突付貼
10 ヒノキ t=30mm キシラデコール塗装
11 キーストンプレート t=25mm　亜鉛ドブ付けメッキ
12 アルミサイディング t=13mm
13 アルミ水切り t=1.2mm 加工
14 フレキシブルボード t=6mm 素地仕上
15 砕石 t=100mm
16 小屋裏通気層
17 断熱パネル t=97mm
18 シナ合板 t=6mm V目地突付貼
19 梁 H=150×150×7×10 アラワシ OP
20 カバザクラフローリング t=15mm オスモカラー
21 アルミ根太 80×80mm
22 アクアレイヤー t=90mm
23 架橋ポリエチレン管
アルミホルダー
24 軽量コンクリート t=85mm
25 キーストンプレート t=25mm アラワシ OP
26 配管・配線スペース
27 梁 H=194×150×6×9 アラワシ OP
28 アルミホイル
29 断熱パネル t=74mm
30 コンクリート金ゴテ仕上 表面硬化剤塗装
基礎スラブ t=150mm
31 カネライトフォーム FⅢタイプ t=50mm

図4-26 「箱の家 112」外断熱ディテール

第5章　MUJIHOUSE

1　約束建築から学ぶ

『ブルータス』誌が２０００年11月1日号で「約束建築」という特集記事を発表した。建築家10人を選んで作品と住宅設計の考え方を紹介し、読者が気に入った建築家に住宅の設計を依頼するという企画である。選ばれた建築家は、安藤忠雄、早川邦彦、高松伸、岸和郎、玄・ベルトー・進来、伊東豊雄、難波和彦、横河健、内藤廣、北山恒の10人だった。誌面にはそれぞれの建築家の住宅作品とクライアント像や住居観に関するインタビュー記事が紹介された。応募するには建設が可能な土地を所有していることが前提条件で、予算や家族構成などを明記することが求められた。数週間後編集部から申し込み葉書のコピーが送られてきた。僕に対する申し込みは全部で9通だった。僕はまず全員にお礼のメールを送った。9人ともメールアドレスをもっていたのはさすがに『ブルータス』誌の読者らしい。直ちに8人から返信が届いた。その後は何度かメールをやりとりし、ある程度コミュニケーションが成立した時点で直接会って話をした。8人全員が箱の家を知っていた。しかし8人のうちのふたりとはその時1度会っただけで以後連絡が途絶えがちになった。残りの6人とはその後も何度となく会って打ち合わせを繰り返し、最終的に6人すべての住まいが実現した。最初のクライアントの住まいは『ブルータス』誌の募集から10カ月くらいで設計に着手し2年後に完成した。最も長い時間がかかった6軒目は設計を始めるまでに2年間が経過し、完成したのは3年半後だった。「約束建築」の企画がスタートしてから2年後の２００３年初頭に『ブルータス』誌の取材が行われ経過報告が掲載された。その段階で僕の場合は3戸が完成し2戸が工事中で1戸が設計中だった（図５-１）。他の建築家はほとんどが1戸実現したか工事中であり、計画が途中で中止になった建築家も何人かいた。約束建築を通じてクライアントと建築家の間に今までとは異なる関係が潜んでいることが明らかになった。約束建築の場合クライアントが出会ってから箱の家が完成するまでに2年以上かかっている。『ブルータス』誌のような仲介なしに直接依頼が来る箱の家ではほぼ1年後に完成する。実施設計と工事に必要な期間は大体10カ月で大きな差はない。両者の時間の違いは基本設計が固まるまでの時間の違いである。基本設計とは生活の仕方や予算を含めて新しい住まいの基本的な条件を決める作業である。つまり約束建築のクライアントは住まいに関する基本方針を固めるまでにかなりの時間を要したわけである。対照的に直接設計を依頼するクライアントは、建築家に依頼する時点で住まいに関して明確な基本方針をもっているということである。

約束建築の場合、僕が最初に連絡したとき応募者はまるで宝くじにでも当たったように喜んだ。おそらく「自分たちは選ばれた」のだと感じたに違いない。この時、応募者の心の中に通常のクライアントとはまったく逆の心理が生じたのではないかと推測する。つまり自分が主体的に建築家を選んだのではなく、逆に多くの応募者の中から自分が指名されたという心理である。そこで生じる

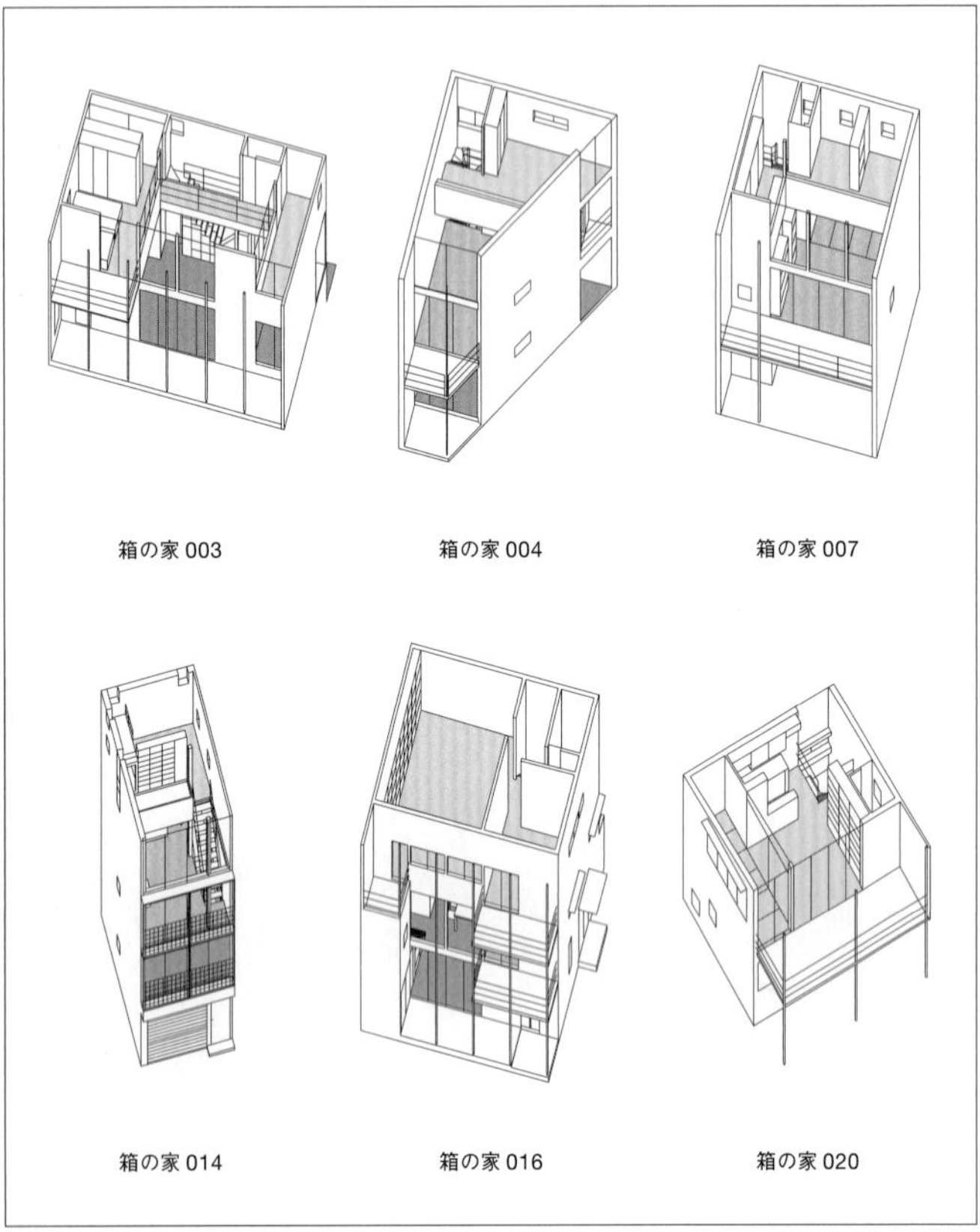
箱の家 003
箱の家 004
箱の家 007
箱の家 014
箱の家 016
箱の家 020

図5-1　約束建築リスト

のは一種の「甘え」の感情である。それが後の打ち合わせの中で少しずつ頭をもたげてくる。応募者の中には設計監理料を『ブルータス』誌が負担してくれるものと思い込んでいる人もいた。企画書を詳細に読めば『ブルータス』誌は仲介をするだけで設計プロセスにはまったく関与しないとはっきり書かれているにもかかわらずそう思い込んでいたのである。工事費見積もりの際にも『ブルータス』誌に紹介されるのだから通常より安く見積もってくれるのではないかという期待を抱いたクライアントもいた。ともかく『ブルータス』誌というメジャーなメディアを介することによってクライアントの心理が大きく変化したのである。応募者の誤解を解き通常のクライアントと同じ主体的態度に移行するには、何度も突っ込んだ話し合いが必要だった。話し合いを始めた初期の頃は、そのためのコミュニケーションにほとんどの時間を費やした。しかも1枚の応募葉書に書かれた住まいへの希望は抽象的で曖昧なので、基本設計に取り掛かる前に住まいへの具体的な希望条件を引き出す必要があった。その作業の積み重ねが1年以上の差となって表れたのである。

　約束建築を通して僕はクライアントと建築家の距離について多くのことを学んだ。通常のクライアントは前もってさまざまなハードルを自らの力で乗り越えた後に建築家への設計依頼に踏み切るのである。建築家は近寄り難いとか、建築家への設計依頼は敷居が高いといわれるのは、そのような意味においてである。建築家にとってハードルを低くすることは、住宅設計に関する明確なヴィジョンを提示することだが、それ以上に重要な条件は住まいづくりにかけるクライアントの主体性と積極性である。この条件は「いい住宅とは何か」という問題だけでなく「住宅における快適性とは何か」といった問題にも関わっている。この点については本書の最後に改めて考えてみたい。いずれにせよクライアントが受け身である限り、建築家とのコミュニケーションは生じないし明確な判断も下せない。つまるところ建築家にとっての住まいづくりとは、クライアントと建築家（そして工務店）の共同作業なのである。この問題はハウスメーカーとクライアントの関係と比較してみるとはっきりする。無印良品の住宅版「ＭＵＪＩ　ＨＯＵＳＥ」の開発に関わった経験からこの問題について考えてみよう。

2　無印良品のMUJI HOUSE

無印良品が販売する生活用品はシンプルなデザインを目指し、一貫してコストパフォーマンスを追求した製品を提供していることで知られている。その製品ラインアップに無印住宅を加えるプロジェクトが２００２年にスタートした。このためインテリア・デザイナーの杉本貴志を中心とする無印良品のボードメンバー（顧問委員会）によって指名コンペが開催された。木造軸組構法、鉄骨フレーム構法、ＲＣ造軸組構法などいくつかの構法が比較検討されたが、最終的に木造軸組構法を提案した僕の案が選ばれた。その後約半年をかけて建築部品と構法システムを開発し、２００３

年9月にギャラリー・間で開催された「無印良品の未来」展にプロトタイプ模型を出品した（図5-2）。展覧会の後に最初のクライアントが現れ、さまざまな経緯を経て第1号が２００４年3月に完成した（図5-3）。ＭＵＪＩ ＨＯＵＳＥの開発と販売の部門として、無印良品とは独立したムジネットが設立され販売を開始した。

　ＭＵＪＩ ＨＯＵＳＥのコンセプトは箱の家とほとんど同じである。１９９５年に「箱の家００１」を発表したとき「これは無印良品の住宅である」と評した建築家がいたほどである。箱の家は当初から都市住宅のプロトタイプを目指していたから、ＭＵＪＩ ＨＯＵＳＥ開発プロジェクトとの出会いは必然的な結果だったといえる。僕としてはＭＵＪＩ ＨＯＵＳＥの開発を「箱の家：木造シリーズ」のコンセプトの集大成として取り組もうと考えた。箱の家では工業製品を使うことが基本的なコンセプトだが、単品の箱の家では工業製品だけで建てることは難しかった。そこでＭＵＪＩ ＨＯＵＳＥで最初に試みたのは工業製品の使用を徹底することだった。ＭＵＪＩ ＨＯＵＳＥは大量生産によるコストダウンを目指したので、建築部品の工業生産化は避けられない方向と考えたからである。ＭＵＪＩ ＨＯＵＳＥを構成する建築要素を可能な限り部品化し「ＭＵＪＩ軸組」「ＭＵＪＩ床版」「ＭＩＪＩサッシ」といった汎用部品として売り出し、ユーザーが自由に選んで組み立てられるようにシステム化することを目指したのである（図5-4）。

図5-2　MUJI HOUSE プロトタイプ　模型

図5-3　MUJI HOUSE 第1号

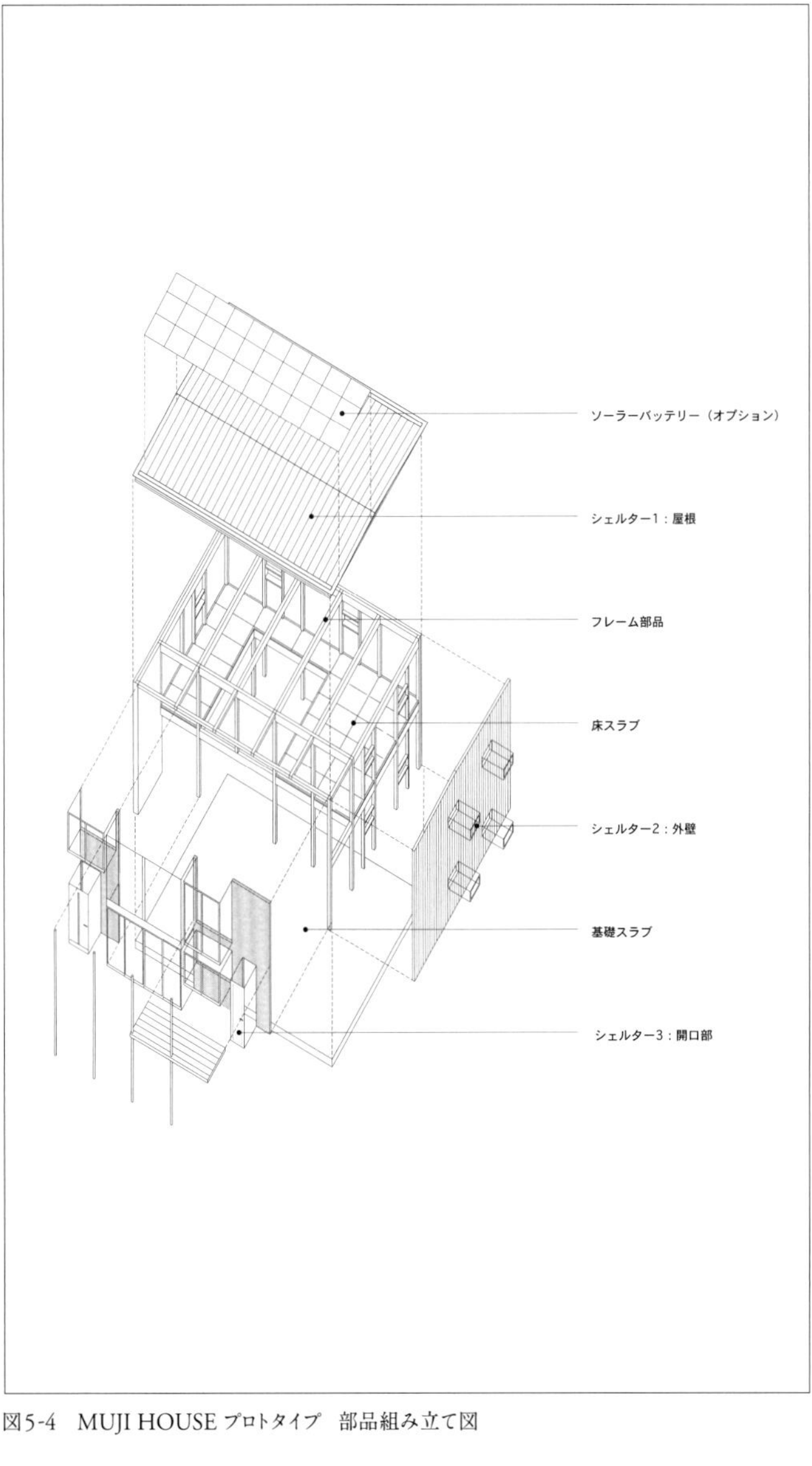

図5-4　MUJI HOUSE プロトタイプ　部品組み立て図

ＭＵＪＩ　ＨＯＵＳＥ開発に対して僕にはもうひとつの重要な課題があった。約束建築の延長線上にある疑問、すなわち「ＭＵＪＩ　ＨＯＵＳＥは一般ユーザーにそのままの形で受け入れられるか」という問題である。ＭＵＪＩ　ＨＯＵＳＥは生活用品を含めて住まい方に関する明確なコンセプトをもっている。その点が通常のハウスメーカーとは決定的に異なっている。しかし不特定なクライアントを相手にする点ではハウスメーカーと同じであるともいえる。その点が箱の家とは決定的に異なっている。最大のポイントは約束建築で生じたようなクライアントと建築家の距離がＭＵＪＩ　ＨＯＵＳＥの場合はどのような形を取ることになるかという問題である。ＭＵＪＩ　ＨＯＵＳＥの具体的な設計には僕自身は関わらない。僕の担当はライフスタイルと一体化した構法システムを提案することまでであり、クライアントと設計について相談に乗るのはフランチャイズ工務店のデザインチームである。このときクライアントはＭＵＪＩ　ＨＯＵＳＥのデザインチームを建築家のように感じるだろうか。デザインチームはクライアントに対して建築家のように振る舞うことができるだろうか。ひとつだけはっきりしているのは、『ブルータス』と同じように無印良品はメジャーなメーカーであり、クライアントは何らかの意味でその点を意識するに違いないことである。

２００５年にムジネットが正式に販売を始めて２０１５年現在まで10年が経過したが、この課題は半ば解決され、半ば未解決という中途半端な状態に止まっている。ＭＵＪＩ　ＨＯＵＳＥの標準的な構法システムは外観のデザインをはっきりと決定付けている。したがって設計と建設を担当するフランチャイズ工務店が異なってもMUJI HOUSEのイメージはある程度保たれる。しかしながら平面計画についてはそうはいかない。平面計画はライフスタイルを直接左右するから、クライアントの注文が最も多くなる傾向がある。そのような要求に対して工務店の設計者がMUJI HOUSEの基本コンセプトに従って平面計画を提案するのは極めて難しいからである。その結果クライアントが求めるままの平面計画が実施される場合が多くなる。住宅が出来てしまえば住み手はそれに慣れてしまうので大きなクレームが生じることはない。しかしもっと綿密にスタディすればさらに住みやすい平面計画にまとめることができるし、それまでとは異なる新しいライフスタイルを提案できるような事例が多いのである。

この問題は戦後のハウスメーカーにおける工業化・商品化住宅の開発の背景にある暗黙の前提がもたらした課題である。その前提とは住宅の工業生産化は住宅の部品、構法、設備などハードウェアだけに関わり、ライフスタイルを制約すること、すなわち平面計画の自由度を制約してはならないという前提である。言い換えれば住宅の工業生産化とライフスタイルの提案とははっきりと分けることができるという暗黙の前提である。僕はこの前提は明らかに間違っていると思う。だからこそMUJI HOUSEは両者を一体のものとして提案しているのである。

3　構法とライフスタイル

これまで住宅の工業化・部品化は新しい技術を使って高性能で大量に安くつくるという目標に対してさまざまな解答を出してきた。そこでは基本的に良いものを安くつくればいいという価値観で共通していた。住宅の工業化・部品化構法を追求する場合には、住宅の平面計画すなわちライフスタイルや生活様式はほとんど問題にされてこなかった。というよりも新しい工業化構法を開発する場合には平面計画をいかにフレキシブルで自由にするかという暗黙の前提条件があったように思われる。さらに突っ込んで言うならば、新しい工業化構法を開発する最終的な目的は、プランニング＝平面計画への拘束をなくし、住み手が自由に生活を計画できるようにすることだと考えられてきたのである。

戦後のアメリカにおいて住宅の工業生産化・部品化を先導し、バックミンスター・フラーやチャールズ・イームズと協働したジョージ・ネルソンという建築家がいる。彼は１９５０年代に来日し、住宅の構法システム開発に関してさまざまな指導を行った。その時に彼はフレキシブルな工業化構法の目的を「ＰＬＡＮＮＩＮＧ　ＷＩＴＨ　ＹＯＵ」と唱えたことはよく知られている（図5-5）。しかしながら後に彼は住み手にプラニングを任せても多くの場合は成功しないという結論に達している。自由な選択肢を与えられても住み手自身が適切な選択をすることは難しい。生活に対

図5-5「Experimental House」（ジョージ・ネルソン）模型

図5-6　「H邸」（剣持昤）

する住み手の希望を聞き、それをプランニングに反映させることも建築家のひとつの仕事である。ふさわしい構法を選択することと同じように平面計画も一種の専門技術を必要とするのである。

　しかしながら前に述べたような構法開発の暗黙の前提条件は、ハウスメーカーだけでなく多くの建築家も共有しているように思える。かつて東京大学建築学科の内田研究室に所属した剣持昤《れい》は、住宅部品の工業化の方法として規格構成材方式を開発した。これは当時としては極めて先進的な提案だった。しかしながらこの方式による「H邸」の平面計画は完全なｎＬＤＫプランで極めて保守的といわざるを得ない。その理由は剣持昤が新しい生産方式の提案に対しては興味をもっていたが、それが新

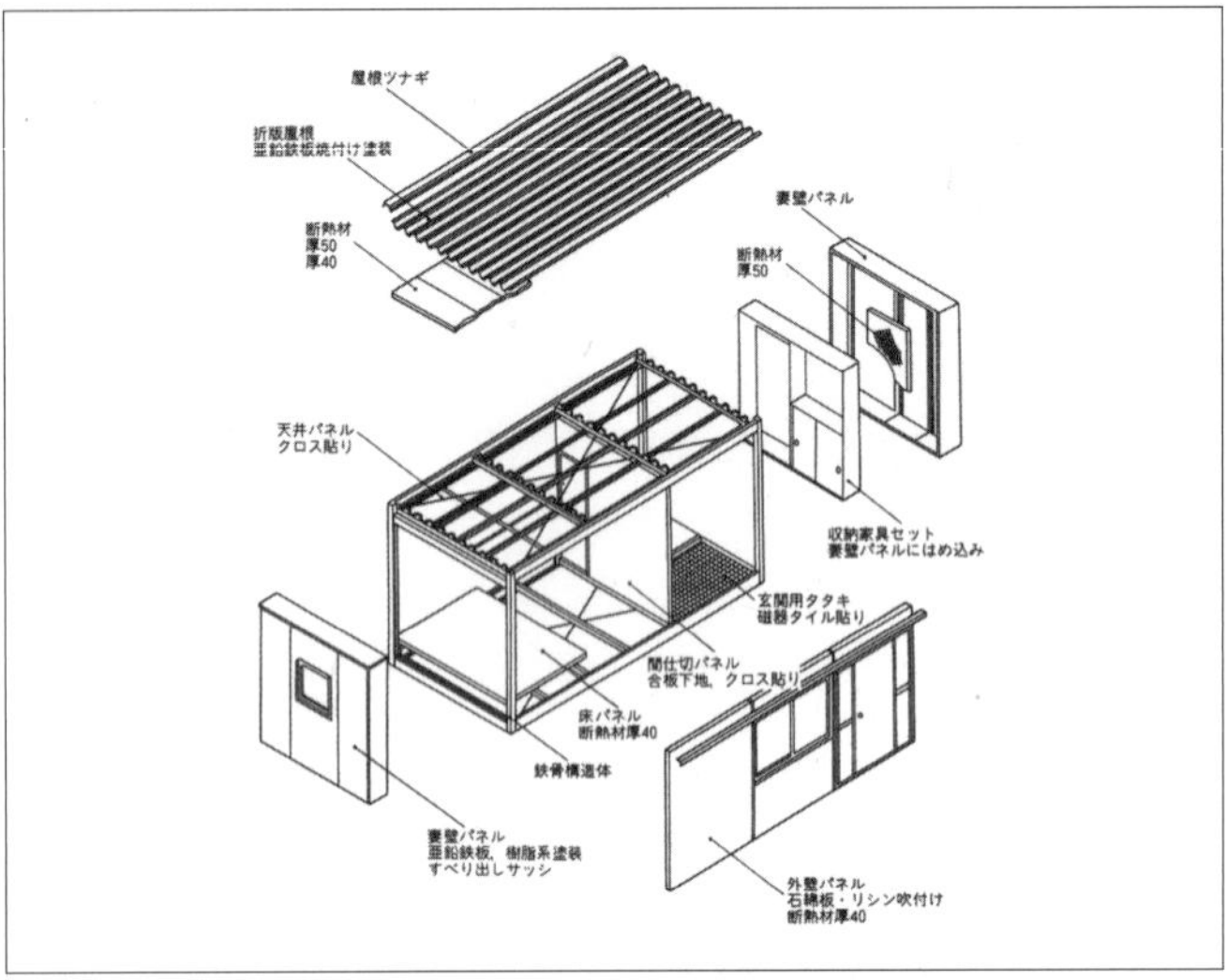

図5-7 「セキスイハイムM1」(大野勝彦)

しい生活様式の提案に結び付くとは考えていなかったからだと思われる(図5-6)。あるいは「セキスイハイムM1」(1971)において同じ内田研究室の大野勝彦が「無目的な箱」を唱えたのは、構法と機能(生活)を積極的に切り離そうとしていたからである(図5-7)。しかしながら僕の考えでは、構法が何も制約しないことはあり得ないはずである。構法と生活の機能は空間の配列や大きさ、水回りの位置などを通して何らかの形で緊密に結び付いている。従って建築家は構法と生活機能の関係に注目し、それを積極的にデザインの条件として取り上げ、両者をひとつのシステムへと統合することによって住み手に対してライフスタイルや家族のあり方として提案すべきである。箱の家やMUJI HOUSEは新しい工業化構法と一室空間住居という平面計画とを結び付けることによって、特殊ではあるが普遍的な現代住宅のプロトタイプを提案しようとする試みなのである。

4　MUJI HOUSEにおける工業化・部品化

　MUJI HOUSEの開発に当たって考えたのは、建築を構成するすべての部位において部品化標準化を徹底し、より安くより高性能にすることである。まず考えたのは部品総体を統合するモデュール・システムについてである。最終的にはシステムを徹底することができたので、家具も含めてすべての部品がモデュール・システムにぴったり納まった。天井高も無印良品の既製の収納棚の高さによって決めた。日本でいまだに使われているモデュールは寸と尺をメートル法に換算した寸法である。尺は30㎝、寸は3㎝であり、パネルは3×6尺判（91㎝×182㎝）、4×8尺判（121㎝×242㎝）判、3×9判（91㎝×273㎝）である。したがってセキスイハイムのようなトラックの大きさと道路に合わせた運搬寸法では既製品との寸法調整をまとめるのが難しい。かといってまったく新しい寸法体系を提案するのも現実的ではない。そういうわけでMUJI HOUSEでは結果的に前述したようなシステムを使用することになったのである。

　MUJI HOUSEでは一連の無印良品との綿密な寸法調整が要求されたので、モデュールについて検討することが必須の条件だった。しかし一般的にはモデュールについて言及されることはほとんどない。モデュールへの関心が薄れた理由は１９７０年代になってモダニズムが培ってきた概念をすべて否定しようとする気運が高まったことである。他方でＩＳＯ（国際標準化機構）において建築の世界的な標準寸法を決めようと各国の寸法をすり合わせた結果、煉瓦の一辺のサイズである10㎝という数字に収斂してしまいモデュールに対する建築家の熱が一気に冷めてしまったことに一因がある。僕の見るところ最大の要因は建築家が部品開発や施工現場などの技術的な立場から疎外された結果ではないかと考えている。寸法システムを決めると設計が不自由になるとよく言われるが、それはまったくの誤解である。たとえばル・コルビュジエが考案したモデュロールはフィボナッチ数列によって黄金比に近い等比級数の数列を人体寸法に結び付けた寸法システムだが、当初は使いにくいけれど、いったんそれが身体化されればラ・トゥーレット修道院の波動式の窓割やロンシャン教会の窓の一見ランダムな配列のようなデザインが生まれるのである。寸法システムは言語における文法のような暗黙の規則であり、複雑な規則を使いこなすことができれば自由に文章を書き喋ることができる。いちいち寸法システム＝法則を確認している段階ではそれは単に制約にしかならないが、繰り返し反復しているうちに使いこなせるようになりさらに大きな自由が生まれるのである。一定の規則を決め、それをとことん突きつめない限り、本当の自由は生まれないというのが僕の信念である（図５-８）。

こうしてモデュールの設定は一応成功したが、最大の課題は構法とコストの関係である。ＭＵＪＩ ＨＯＵＳＥの開発時ではスケルトン、シェルター、エネルギーシステムは新たに開発されることになっていた。スケルトンは集成材による軸組構法（ＳＥ構法）、シェルターは外壁、屋根とも合板に発泡断熱材をサンドイッチした断熱パネルの上にガルバリウム鋼鈑によるサイディングと防水としてメンテナンスフリーを確保している。エネルギーシステムは完全な電化としている。間仕切り、家具、設備機器などのインフィルにはすべて無印良品を用いる予定である。さらに基礎も含めた完全な外断熱とし、新たに開発したＭＵＪＩサッシによって高気密性を確保する。コンクリート基礎スラブの上に敷き込んだ水蓄熱式床暖房（アクアレイヤー・システム）による熱容量の確保、屋根と外装の通気層による輻射熱対策といったエネルギー制御システムは箱の家で開発した構法を適用する。最小限の材料、エネルギー、空間、表現によって最大限のコストパフォーマンスを目指した近未来型工業化住宅を目指すというのが謳い文句だった。しかしこのもくろみはうまく展開しなかった。不思議なことに耐力壁と断熱材と内部仕上げを兼ねたサンドイッチパネルを工場で製作し現場に運んで木造のフレームに取り付ける構法よりも、大工がすべて現場で施工した石膏ボードパテしごきＡＥＰペイント仕上げの方がコストが安いことが分かったからである。要するに多機能部品を工場製作し構法を単純化してもトータルのコストは下がらないのである。その一因は材料を工場で部品化し現場に運ぶという構法では、材料を組み合わせる段階でコス

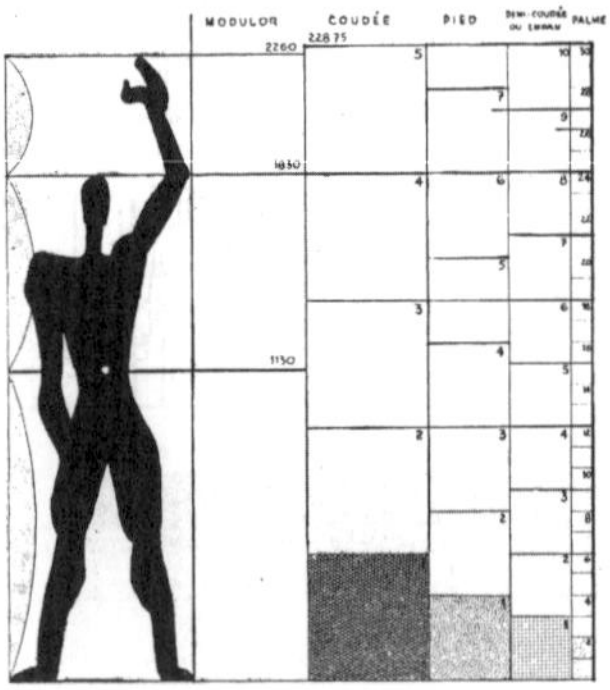

図5-8　モデュロール

図5-9　MUJI HOUSE モデルハウス

トが上乗せされ、さらに部品の重量が増えてサイズが大きくなるために大型トラックやクレーンなどの運搬と組み立てのコストが余計に掛かってしまうからである。一方で現地で伐採した樹木を製材しそのまま使った方が当然安くなるという主張もあるが、木材の場合は国産材よりも外材の方が安いしコストパフォーマンスを考えると集成材の方が有利なので一概にそうとも言い切れない。私見では工業化と部品化の最大の障害は大工の工賃の安さではないかと考えている。日本の大工は多能工であるにもかかわらず人件費の見積もりが人・工で大雑把であり職人組合のような組織化も進んでいない。しかし２００８年に起きたリーマンショック以降大工が高齢化し新たに大工になる若者が少なくなり、さらに２０１１年の

３・11以降は急激に建設需要が増加したため職人の人件費は徐々に上昇しつつある。この傾向は今後も続くと思われるので、人件費がある臨界値に達すればコストパフォーマンスの比較によって工業部品化は急激に進むと推測される。

こうして大部分の工事を大工に任せた方がコストダウンになるため、最初のモデルハウス（図5-9）や初期のＭＵＪＩ　ＨＯＵＳＥではほとんどの構法が大工の現場作業になった。部品化されたのは集成材の軸組、バスユニット、アルミサッシなどわずかである。結局のところ工業化・部品化という面においては箱の家のシステムよりも後退してしまったのである。

5　改訂版MUJI HOUSE

ＭＵＪＩ　ＨＯＵＳＥのシステムは2年に1度メンテナンスを行うという契約だったので、販売を開始して以降も何度かセミナーを開催しコンセプト、構法システム、プランニング、エネルギー制御などについて説明する機会をつくった。しかし前述したように、基本的な考えを理解してもらうのはなかなか難しかった。ＭＵＪＩ　ＨＯＵＳＥの開発時の何人かの担当メンバーが退社し新しいメンバーに変わった２０１０年に、構法システムの全面的な見直しを行うことになった。それまでに数度の部分的な改良を行っていたが、僕としては再度開発時の初心に戻って構法システ

図5-10 「箱の家 136」

ムを単純化しようと考えたのである。しかしムジネットはそのために新たにモデルハウスを建設することに対してはリスクが大きいと判断したため計画は進まなかった。そこでＭＵＪＩ ＨＯＵＳＥのフランチャイズ工務店に工事を委託し、工事費について考慮してもらうという条件で、箱の家のクライアントを説得した。それが平屋建ての「箱の家１３６」である（図5-10）。この住宅では構法の単純化を徹底した。構造は標準的な集成材の軸組構法（ＳＥ構法）としたが、外壁下地は間柱を省いて柱と受材だけで断熱パネルを支持しそのまま内装仕上げとした。屋根は１・８ｍピッチの梁に断熱パネルを載せ屋根スラブと同時に天井仕上げとした。外壁は通気層を確保して成形セメント板、屋根は屋根裏に通気層を確保してガルバリウム鋼板葺とした。床仕上げは水蓄熱式床暖房（アクアレイヤー・システム）の上に断熱性が低く蓄熱性のあるフレキシブルボードとした。間仕切りは浴室回り以外はすべて家具である。屋根には通風用の高窓を設け太陽熱給湯器を設置した。箱の家の中で最も単純な構法システムである。しかし仕上げにほとんど〈逃げ〉がないため、大工の対応が難しいという評価で、その後のＭＵＪＩ ＨＯＵＳＥには採用されなかった。

　ＭＵＪＩ ＨＯＵＳＥの販売がある程度軌道に乗ってきた頃、徐々にクライアントの都心回帰が生じ始めた。その結果敷地が狭くなり、それまでの標準設計では対応しきれなくなってきた。当初のＭＵＪＩ ＨＯＵＳＥは郊外の敷地を想定していたからである。そこで２００４年に狭小敷地用の「縮小版ＭＵＪＩ ＨＯＵＳＥ」の開発を依頼された（図5-11）。そのためには単に面積を縮小するだけではなく家族構成やライフスタイルの再編成の提案が必要である。最初のＭＵＪＩ ＨＯＵＳＥの開発で複雑な条件を提案したのではムジネットも工務店も対応できないことが分かっていたので、コンセプトはできるだけ少なく単純にすることを心掛け「テリトリー」というキーワードを提案した。どんなに小さい住宅でも最小限に広さをもったテリトリーとしてのアルコーヴを確保するという条件である。その条件に基づいて複数のプランのバリエーションを提案した。これはまもなく正式に販売される予定である。

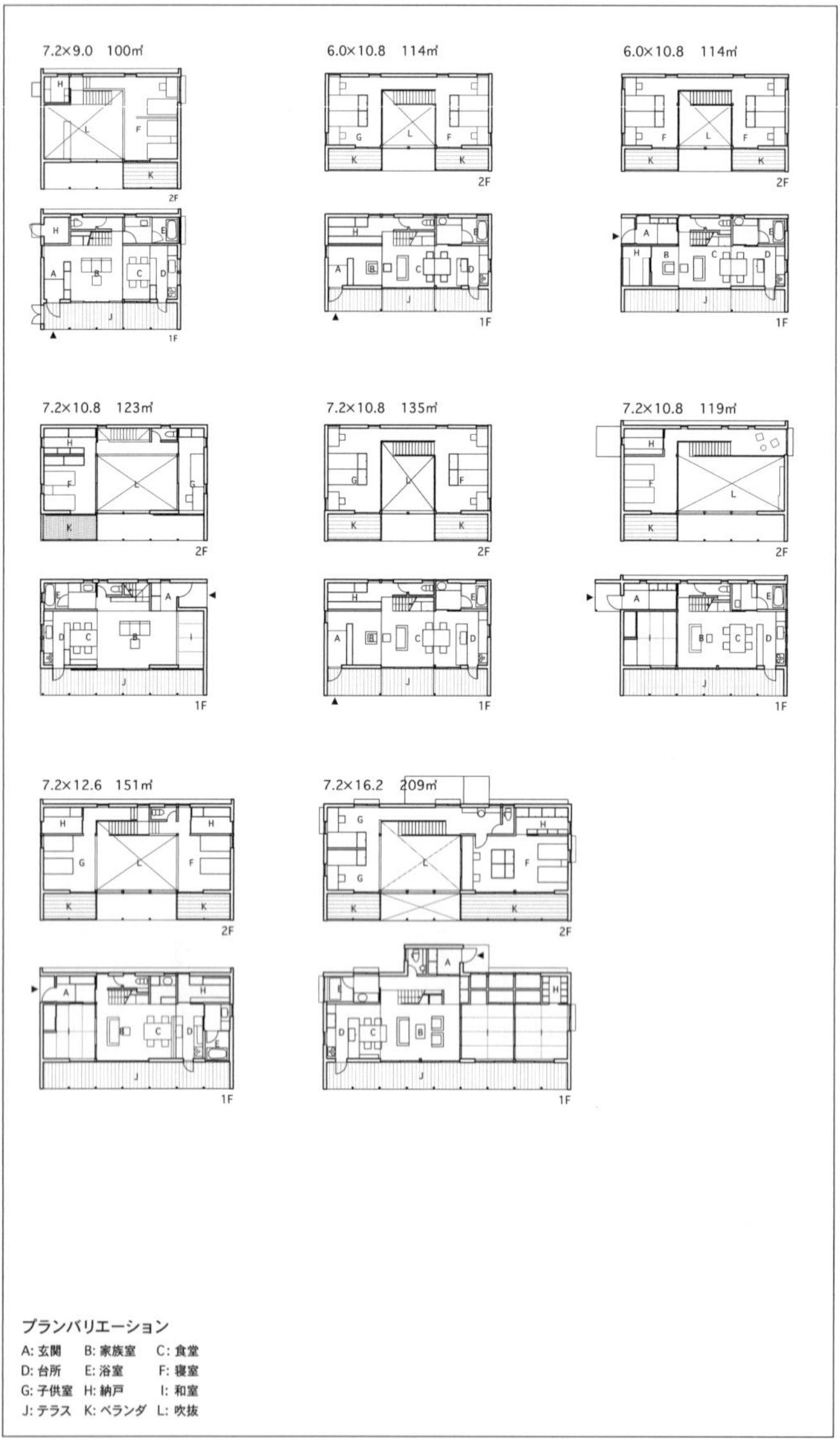

図5-11　縮小版 MUJI HOUSE 平面バリエーション

MUJI HOUSEは開発して10年を経過した。開発者の著作権は15年間の契約なので、残すところ5年弱である。その後MUJI HOUSEがどのように展開していくのかは予測できない。しかし箱の家シリーズはこれからも進化させていくつもりだし、現在は福島県で開発している復興住宅のための「縦ログ構法復興住宅」への展開を試みるつもりである（図7-19）。これについてはあらためて第7章で紹介する。

第６章　箱の家の環境制御

1　エコハウスの環境条件

日本とりわけ太平洋側の一帯は四季の変化に富んだ気候である。夏は亜熱帯のように暑くて湿度が高く冬は時に雪が降るほど寒く乾燥している。春と秋の中間期は過ごしやすいが、春から夏にかけての梅雨時は蒸し暑くて雨が降り続き、夏から秋にかけては台風の通り道となり暴風雨に見舞われる。これほど多様で変化に富んだ気候は世界でも珍しい。日本の民家には四季の変化に適応した多様な建築要素を見ることができる。茅葺屋根、小屋裏、低い軒高、深い庇、縁側、高床、畳、明かり障子や襖、これらの建築要素は日本の気候風土が生み出した気候制御装置である。しかしかつて兼好法師が『徒然草』の中で「家の作りようは夏を旨とすべし」と言っているように、これらの建築要素はほとんど夏の暑さと湿気に対処する装置である。だから冬の民家は隙間風と底冷えにさいなまれる。では日本のようなアジアモンスーン地帯で自然エネルギーを生かしながら夏涼しく冬暖かい住宅を実現することは可能だろうか。世界的にエネルギー消費の削減を求められる時代になって自然のエネルギーを利用するパッシブ・ソーラーの意義が見直されている。日本の気候はそうした試みにもってこいの実験場である。最近の調査によって、日本においても夏季の冷房より冬季の暖房のためのエネルギー消費の方が極めて大きいことが分かってきた。省エネルギーの視点から見る限りは兼好法師の教えとは逆に「家の作りようは冬を旨とすべし」のようなのである。

エコハウスにとって重要な条件は、太陽光や通風など自然のエネルギーを取り入れながら快適で省エネルギーな室内環境をつくり出すことである。たとえば最近注目されている外断熱構法は、室内気候が外気の気候変動の影響を受けないようにして、室内気候の安定に必要なエネルギーを最小限に抑えるための重要な方策である。つまり冬は室内の熱が外界に逃げないようにして暖房効率を上げ、夏は外界の熱が室内に伝わらないようにする。エコハウスでは室内気候を快適に保つために断熱性能以外にもいくつかの方策が必要となる。その点を理解するには建築における熱エネルギーの条件について十分に検討しておく必要がある。

建築の熱エネルギーに関する性能は4つの視点から見ることができる。断熱、気密、熱容量、輻射である。断熱と気密はよく知られているが熱容量や輻射についてはあまり問題にされることがない。しかし室内気候を制御するにはこの4つの性能をバランスよく組み合わせる必要がある。以降でそれぞれの性能について検討してみよう。

2　断熱性とヒートブリッジ

断熱とは室外と室内との温度差による熱エネルギーの伝達を最小限に抑えることである。十分な断熱性能を確保するには性能の良い断熱材料を選ぶことは言うまでもないが、それだけではなく断熱材の取り付け方法すなわち断熱構法について考えねばならない。外断熱構法が断熱の方法として優れているのは建物全体を断熱材で包み込むことによってヒートブリッジ（熱橋）が解消される点と、建物自体の熱容量を室内側に取り込むことができる点にある。木造住宅の場合、従来のように間柱の間に断熱材を挟む方法では断熱材と間柱の間に隙間ができやすい。鉄骨造の場合は柱や梁がヒートブリッジとなり、その部分で熱エネルギーの出入りが大きくなる。さらに断熱材の隙間に室内の湿気が浸入すると目に見えない壁の内部で結露が生じ、長い間には構造体を傷めることになってしまう。ヒートブリッジ部分の結露についても同じことがいえる。したがって外断熱構法の場合でも室内の湿気が断熱材の中に浸入しないようにすることが大切である。通常はその対策として断熱材の室内側に防湿シートが張られているが、僕の考えではこれは無意味とはいえないまでもあまり効果はないと思う。というのも内壁に設備器具を取り付けるために配管や配線が必ず防湿シートを貫通するし、シートの重なり部分の隙間を完全にシールすることは不可能だからである。さらに窓やドアなどの外部に面する建具の断熱性能も忘れてはならないだろう。最近では窓ガラスにペアガラスを使うのが一般的になってきたが、窓枠やドア枠にも注意が必要である。アルミニウムは熱伝導率が極めて高いため、建具枠がヒートブリッジになるからである。

　たとえば実験住宅アルミエコハウスでは構造軸組は熱伝導率が極めて高いアルミニウムでつくられている。外壁パネルや屋根パネルは発泡断熱材（ウレタンフォーム）をアルミシートで挟んだ断熱サンドイッチパネルである。ヒートブリッジをなくすためにアルミの構造軸組は断熱サンドイッチパネルによって梱包しているが、問題はパネル相互の接合部とパネルを軸組（アルミ梁）に取り付ける部分である。パネル相互の接合部にヒートブリッジが生じないようにパネル小口にプラスチック枠を回し接合部にネオプレンゴムのリボンを挟むことによって、水密性と気密性を確保しながらのちの解体に対応している。断熱パネルを留付金物によってアルミ梁に接合すると、そこでヒートブリッジが生じるので、これを避けるためにあらかじめ留付金物端部を発泡断熱材の中に埋め込み外装側のアルミシートに触れないように製作した。アルミサッシについては室内側にプラスチックキャップを被せヒートブリッジと結露を防いでいる。軸組への取り付けはサッシのプラスチックカバー上に金物を取り付け、プラスチック製遮熱材を介して梁に取り付ける。すべて乾式構法である（図４-10）。

3　気密性

室内環境にとって気密性能が重要なのは、室内と外気の間を空気が出入りするとそれによって熱エネルギーの損失が生じるからである。さらに隙間風に当たったときの気持ち悪さについては言うまでもないだろう。かつての住宅では木製やスチール製の窓が一般的で気密性能を確保するのが難しかったが、アルミサッシが普及してから気密性能は大幅に改善された。しかし最近では気密性能が高くなりすぎて十分な自然換気が行われなくなり、室内空気に淀みが生じてシックハウスの問題などが生じるようになった。その対策として必要な換気量を換気扇によって確保することが法的に義務付けられるようになった。気密性能を確保しながら人工的に換気するというのは一見すると矛盾した技術のように思える。しかしこれは気密性能を明確に制御する方法だと考えれば合理的な方法であることが分かる。省エネルギーのためには単に気密性を上げるだけではなく自然通風も含めて建物全体の空気の流れを制御する必要がある。たとえば箱の家では室内外の気密性能を確保しながら吹き抜けによって大きな気積（空気のボリューム）を確保し、さらに間仕切りを最小限に抑えることによって室内に自然な空気の流れを生じさせている。つまり気密と換気をうまくバランスさせる方策がとられている。春や秋の中間期にはできるだけ風通しを良くして自然換気を確保すべきであることは言うまでもない。最近では屋根の上に開閉可能な屋根窓を取り付け、屋根の上を流れる風に乱気流を生じさせて室内の空気を抽き出す通風法を行っている。シミュレーションと実証実験によって住宅地ではこの方法が極めて有効であることが実証された（図6-1）。あまり気づかれないことだが住宅の内部と外部は意外な箇所でつながっている。かつて完成した箱の家で気密性の実証調査を行ったことがあるが、意外な部分で気密性が損なわれていることを発見した。玄関脇の郵便ポストや電線や電話線など引き込み口はあまり気づかれていない。最も意外だったのは外断熱

図5-1 「箱の家 140」右上に屋根窓が見える

パネルの接合部分である。とりわけ出隅入隅では空気の出入りが大きい。実証調査以降は以上のような箇所に緩衝ゾーンを設け、外断熱パネル相互は機密テープでシールするようにしている。このような作業は一見すると住宅の内外の環境を完全に切り離そうとしているように思えるかもしれない。確かに技術的側面だけから見ればその通りである。しかし住宅を総体としてみればそうではない。住宅はそこで生活する人間とともに成立している。生活する人は窓を開閉して風を通し空調をオンオフして気温を調整する。技術的な解決はそのような生活環境の制御の選択肢を確実なものにするための作業なのである。

4　熱容量

熱容量とは建物に蓄えることのできる熱エネルギー（蓄熱）の量である。建物の熱容量は使用された材料の比熱（1gの材料の温度を1℃上昇させるために必要な熱量）とその使用量によって決まる。したがって木造や鉄骨造の建物は熱容量が小さく鉄筋コンクリート造の建物の熱容量はずっと大きい。熱容量が小さな建物は熱しやすく冷めやすいが、熱容量の大きな建物は熱しにくく冷めにくい。つまり熱容量の大きな建物の室内気候は変化しにくく安定しているということである。木造家屋が外気の影響を受けやすいのは不完全な気密性にも一因があるが、決定的な要因は熱容量が小さい点にある。他方で外断熱をしていない鉄筋コンクリート打ち放し仕上げの建物では、夏は夜中まで暑く冬は一日中底冷えがするが、これは熱容量の大きいコンクリート部分が外気熱をため込み室内気候を大きく左右するからである。これに対して外断熱構法は建物の熱容量を室内側に取り込むことによって室内気候を安定させ外気の影響を受けにくくする。とくに鉄筋コンクリート造の場合は外断熱にするか内断熱にするかによって室内環境は大きく異なってくる。従って省エネルギーの建物を実現するには外断熱構法は不可欠の技術だと考えられる。ただし外断熱構法は外装材と合わせて考える必要があるので断熱性だけではなく防水性や耐候性が要求される。従って日本ではまだ開発途中で一般化しておらずコストも高い。たとえば箱の家では断熱サンドイッチパネルによる外断熱構法を採用しているが、これは木造や鉄骨造にしか適用できない。鉄筋コンクリート造については断熱パネルの打ち込み構法を採用しているが、まだ一般に普及するまでには至っていない。今後はさらに多様な構法の開発を試みていきたいと考えている。

外断熱構法とは別に箱の家にはもうひとつ水の熱容量を利用した技術が用いられている。これはアクアレイヤー・システムと呼ばれる水蓄熱式床暖房である（詳細は、http://www.izena.co.jp/yukadan/index.htmを参照）。これは幅が木造床の根太間隔と同じ30㎝、長さが自由なレトルトパックのような袋のなかに水道水を充填し、これを床下に敷きこんで深夜電力を利用したヒートポンプやガス熱源の湯沸器による温水によって暖めるという床暖房システムである。水（比熱＝1）は鉄筋コンクリートの約3倍の比熱をもつだけでなく温度差によって自然対流する。つまりアクアレイヤー・ヒーティング・システムは床下に大量の熱容量を確保することによって室内気候を安定させながら、同時に水の自然対流によって床下の熱を均一に分散させるという一石二鳥の技術なのである。現在は床暖房用に限定されているが、床下の結露対策法を開発すれば床冷房にも使うことができるだろう。いずれにせよ木造や鉄骨造（さらにはアルミニウム造）の建物にとっては熱容量を確保するための貴重な技術だといえよう（図6-2）。ただし熱容量を確保することがそのまま住宅の省エネ化につながるかどうかは不確定である。熱容量が大きければ室内環境が安定することは確かだが、それは暖まりにくく冷めにくいことを意味する。したがって熱容量の大きな住宅のエネルギー消費量は生活の仕方に大きく依存していることを確認しておきたい。

5 輻射

輻射とは単純に言えば直射日光（赤外線の放射）による熱エネルギーの伝達である。輻射による熱エネルギーの伝達はモノを媒介とした熱の伝達（熱伝導：断熱性能の問題）や空気の流れによる熱の伝達（気流：気密性能の問題）とは異なる。例えば気温の低い真冬でも直射日光が差し込む部屋はぽかぽか暖かいし、逆に夏には冷房によって室内の気温を下げても直射日光が差し込む部屋は蒸し風呂のように暑くなる。つまり断熱性能が良くても輻射に対して十分に配慮しない建物では室内環境の制御は難しい。輻射の問題はふたつに分けて考えることができる。ひとつは窓ガラスの問題であり、もうひとつは外装仕上げの問題である。最近では窓にペアガラスや真空ガラスが用いられるようになり窓の断熱性能が飛躍的に向上した。しかしこれは輻射による熱伝達とは別の問題である。断熱と輻射とは熱エネルギーの伝達の仕方がまったく異なるからである。窓ガラスを通して直射日光が差し込めば冬は暖かくなるし夏は暑くなる。これはガラスの断熱性能とは関係がない。最近ではガラス表面に赤外線を制御するコーティングを施したガラスが開発されているが、通常の住宅では直射日光を制御するには庇やルーバーなどの建築的な方法の方が有効である。日本の大部分の地域はアジアモンスーン地帯で夏の直射日光は強烈である。関東地方や東海地方では冬には晴れる日が多い。例えば箱の家の深い庇は冬の直射日光をできるだけ採り入れ、夏の直射日光をカットする重要な環境制御装置である。ガラスを介した輻射熱のやりとりは直射日光に限らない。夜間の冷輻射も忘れてはならない。冬の晴れた夜には窓ガラスを介して室内の熱エネルギーが夜空に放射され、窓際を冷たい空気が流れ落ちるコールドドラフト現象が生じる。これを防ぐには冷輻射をカットするようなカーテンやルーバーが有効である。外装の問題はとくに夏の直射日光による輻射熱を建物表面でいかにカットするかという問題である。箱の家では屋根や外壁の仕上げに明るい色や反射性の高い材料を用いて蓄熱を防いでいる。さらに屋根や外壁の内側に通気層を通し外装材に蓄熱された熱を空気の流れによって外部に放出している。逆に冬には外装材に蓄熱された熱を室内に取り入れることができれば暖房負荷を下げることができるだろう。これは箱の家の今後の課題である。屋上緑化は外断熱構法としてだけでなく夏の輻射熱に対しても有効なので、予算が許せば採用するようにしている。

6　箱の家の室内環境

箱の家では以上のような技術を組み合わせることによって室内環境の制御を行っている。箱の家

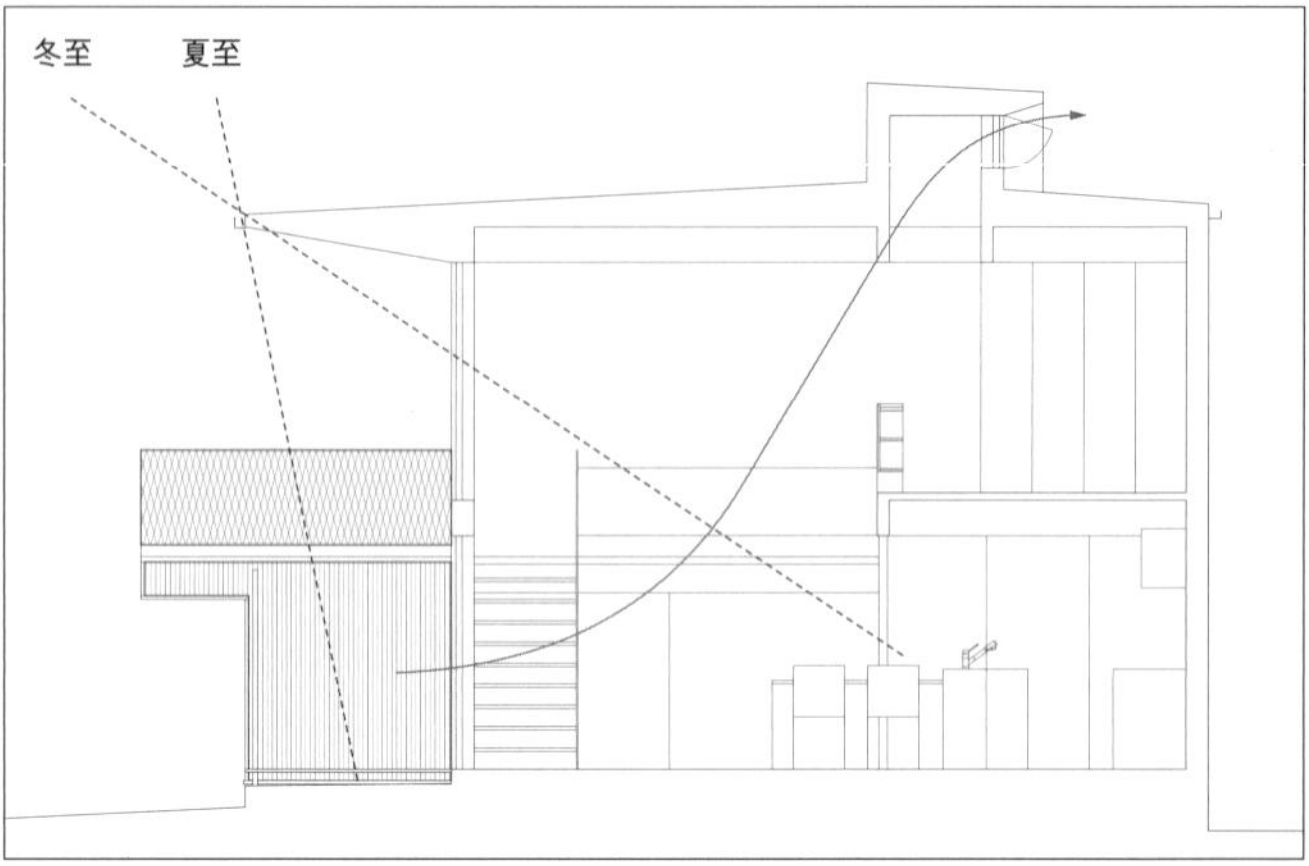

図6-2 「箱の家 140」断面図

の室内環境制御の第一の方針はできるだけ機械設備を使わないことである。ほとんどの箱の家には南向きに深い庇と大きな窓があるが、これは夏の直射日光が室内に差し込まないように遮り冬の直射日光を室内に採り入れる仕掛けである。庇の奥行きと高さは1年の太陽高度の変化から決められている。あるいは床暖房のアクアレイヤー・システムは、深夜電力を使ったヒートポンプやガス湯沸器から供給される温水によって床下の水袋（アクアセル）の水を温め自然対流によって熱を分散させる方式なので、消費エネルギーを必要最小限に抑えることができる。さらに冬の天気が良い日には直射日光が室内の奥まで差し込むので床に当たった熱エネルギー（ダイレクト・ゲイン）をアクアセルに蓄熱し室内に分散させる。箱の家は室内の間仕切りを可能な限り少なくした一室空間的な住居なので風通しが良く小さな窓でも十分な換気が可能である。屋根上の鳩小屋に取り付けた可動高窓は中間期の通風を最大限に確保することができる。いざという時のために空調機は備えているが実際に使うのは1年のうちわずかな日数にすぎない（図6-2）。

箱の家のクライアントには省エネルギーに興味をもった人が多いので太陽電池の設置を要望されることが多い。しかしコストが高い割には実際に得られる電気エネルギー量は少なく償却に予想以上に期間が掛かるので、建設コストを検討する最終段階で採用を見送られる場合が多い。太陽熱利用の給湯システムは熱エネルギー取得の効率が良くガスや電気の給湯システムと連動する装置が開発されているので採用する場合も多い。発電と給湯を組み合わせたコジェネレーションシステムも採用を考えている。最近注目を浴びているエネルギー技術は燃料電池である。水素と酸素を化合させることによって発電する装置で排出されるのは水だけなので、究極的にエコロジカルな技術だと考えられている。家庭用の小型化燃料電池が間もなく実用化されるようだが、そうなれば住宅のエネルギー・システムはがらりと変わる可能性がある。箱の家の室内環境技術も再検討が必要になるかもしれない。

室内環境の制御で機械設備の採用を最小限に抑えているもうひとつの重要な理由がある。室内環境を建築デザインの優先的な条件としてとらえ、それを建築の表現にストレートに結び付けることを目指している点である。これまでの住宅では室内環境のデザインはあくまで2次的な条件にすぎないと考えられてきた。通常の住宅デザインではまず生活のプログラムに対して建物配置やプラニングのスタディを行い、それに並行して形態と空間のデザインを展開させ、さらにそれを実現するための構造や構法を検討し、最後に室内環境をデザインするための設備設計を行うという手順がとられる。つまり室内環境のデザインはプラニングと空間を与条件として、そこに組み込む設備機器のデザインによって解決すべき条件だと考えられているわけである。おそらくこれは現在でも一般的なデザイン・プロセスだろう。これに対して箱の家では室内環境のデザインではプラニング、空間と形態、構造と構法のスタディと並行して進めることを基本方針としている。前述したような室内環境デザインのための一連のデザイン・ボキャブラリーはそのようなプロセスによって生み出されたのだと言ってよい。さらに照明、空調、配管・配線のなどの設備デザインにおいても、可能なかぎり同じようなプロセスをとることによって設備機器を建築のシステムに統合するデザインを目指しているのである。

7　エコハウスへのステップ

箱の家における室内環境のデザインにはこれまでに2段階の大きなステップがあった。第1のステップはアルミニウム合金を構造体に使った「実験住宅アルミエコハウス」の開発である。この開発計画の中で箱の家の室内環境制御のデザインを決定づける4つの基本的な構法が確立された。第1は構造体を断熱材で完全に包み込む外断熱構法。第2は気密性を確保し結露を防止するペアガラスとアルミニウム断熱サッシ。第3は建物の熱容量を確保し室内環境を安定させる水蓄熱式床暖房（アクアレイヤー・システム）。そして第4は輻射熱対策としての屋根と外壁のダブルスキン化である。それぞれの仕様は構造別の箱の家すなわち集成材造、鉄骨造、ＲＣ造のそれぞれにおいて標準構法化された。これらの構法はこれまでの箱の家のすべてに適用され現在でも徐々に改良されている。

第2のステップは「箱の家１００」以降の箱の家において実施した室内環境の実測検証である。すなわち標準構法によってつくり出された室内環境の目標値が予想通りに達成されているかどうか総合的な実測を行うことによって検証したのである。その結果いくつかの解決すべき課題が明らかになった。夏季の気候制御、吹き抜け空間の上下温度分布の解消、通風の効率的なデザインである。アクアレイヤー・システムによる熱容量の確保と低温輻射床暖房は冬季には極めて有効だが夏季には昼間の蓄熱を夜までもち越してしまうという欠点がある。アクアレイヤーへの夏季の蓄熱を抑えるにはこれまでは外断熱性能を上げるしか対処方法はなかった。さまざまな可能性を検討した結果、アクアレイヤーへの供給熱源に使っているヒートポンプの温水を、夏季は冷水に転換するこ

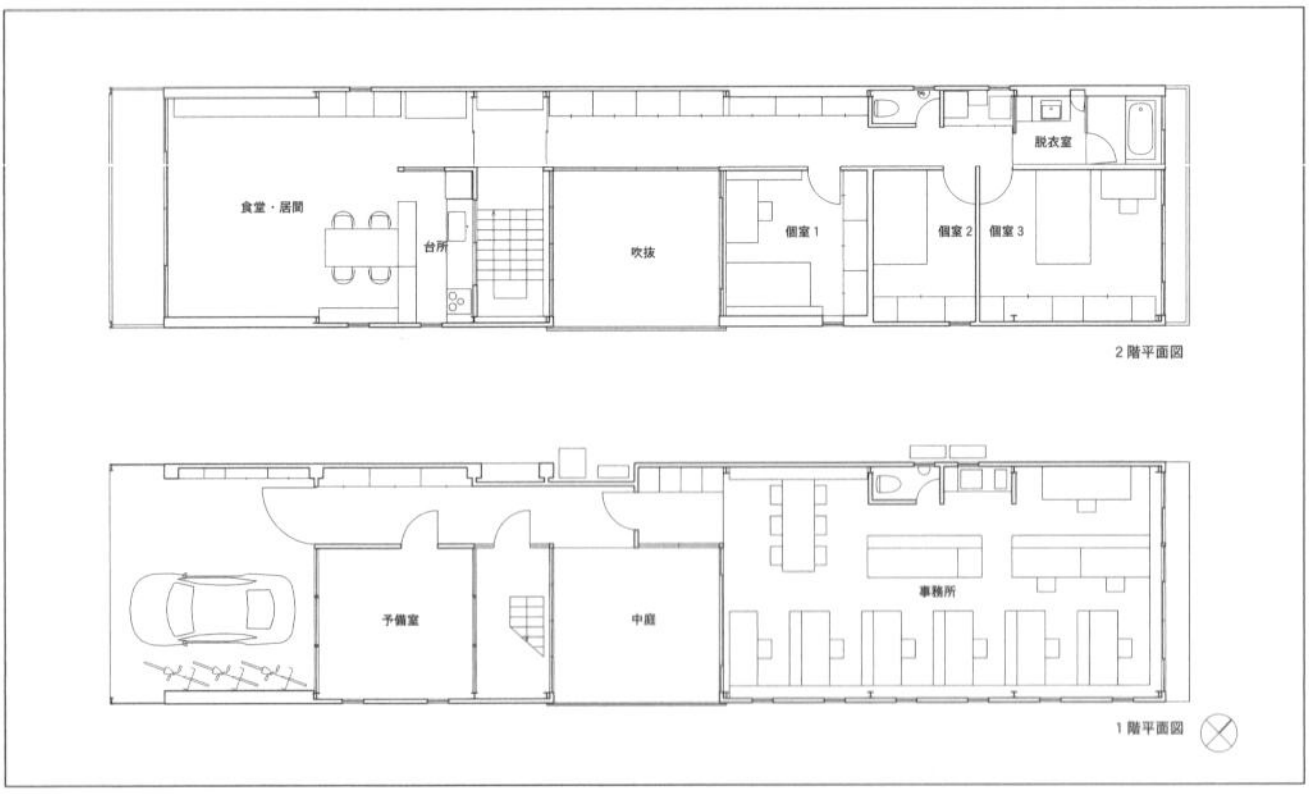

図6-3 「箱の家 112」平面図

図6-4 「箱の家 124」外観

図6-5 「箱の家 124」内観

とを考えた。問題は結露だが「箱の家１１２」（図６-３）ではコンクリートスラブ上の床下根太にアルミ角パイプを使用しているので下地が腐る心配はない。そこでメーカーに相談しヒートポンプ室外機を冷温水型に取り替えて実験した。夏季の数カ月間稼働した結果、2階の居室はほんのりと涼しくなった。さらに1階の事務所は天井輻射冷房となり天井面を結露限界の24℃に維持すると、夏季でも午前中は冷房なしで過ごせることが分かった。期待したほど大きな効果ではなかったが冷房効果は十分だった。

ほとんどの箱の家には2層の吹き抜けがある。冬季は1階床の水蓄熱式床暖房によって建物全体が一様に暖められるのでほとんど問題は生じないが、夏季の空調では吹き抜けの上下に温度差が生じる。これに対処するため吹き抜け天井に天井扇を設置し実測を行った結果、大幅に改良されることが分かった。箱の家では夏季の夜間の室内気温の上限はほぼ28℃になる。じっとしていると暑苦しいが空気に動きがあれば快適に感じる気温である。これは建物内の通風をうまく計画すれば達成できる。夜間の通風を確保すれば蓄冷効果も期待できるだろう。こうした結果を踏まえて、「箱の家１２４」（図６-４〜５）ではふたつの実測実験を試みた。ひとつは輻射冷暖房パネルによるヒートポンプ輻射冷暖房の試みであり、もうひとつはアルミ通風雨戸による通風性能の確保である。３年間の実測の結果、輻射冷暖房パネルの効果は輻射だけでなく対流の効果も大きいことが分かった。通風についてはある程度の有効性は確認できたが、高窓がないと十分な通風が得られないことが分かった。

以上のようなふたつのステップを通して設備デザインは建築的なボキャブラリーに徐々に統合されてきた。室内環境の条件を積極的に設計条件に取り込むことによって住宅のデザインは徐々に変化している。「箱の家１３２」（図6-6～7）では狭小敷地と斜線制限から斜屋根を採用している。この斜屋根に太陽熱給湯を設置することを試みた。太陽熱利用には太陽電池やＯＭソーラーシステムがあるが、太陽熱給湯はあまり試みられていない。しかしエネルギー効率は太陽熱給湯が最も高い。その効果はメーカーの協力を得て行った実測検証によって確認された。さらに住宅デベロッパーと協働で一戸建ての「環境共生住宅」のプロトタイプ開発を行った（図6-8～10）。この開発では箱の家の一室空間住居のコンセプトを建売住宅として一般化するとともに箱の家の実測結果に基づいて一室空間住居の本格的な通風シミュレーションと風洞実験を行い、その結果を建築デザインにフィードバックしている。具体的には斜屋根のデザインによって既存の街並との連続性をもたせ斜屋根に屋根窓を付加することによって通風の負圧を強化している。さらに日射制御のための庇と袖壁の形やサイズを調整することによって、室内に風を導き入れる効果をシミュレーションした。この住宅では構造軸組に全面的に国産杉材を使用したことも付記しておきたい。

図6-6 「箱の家 132」外観

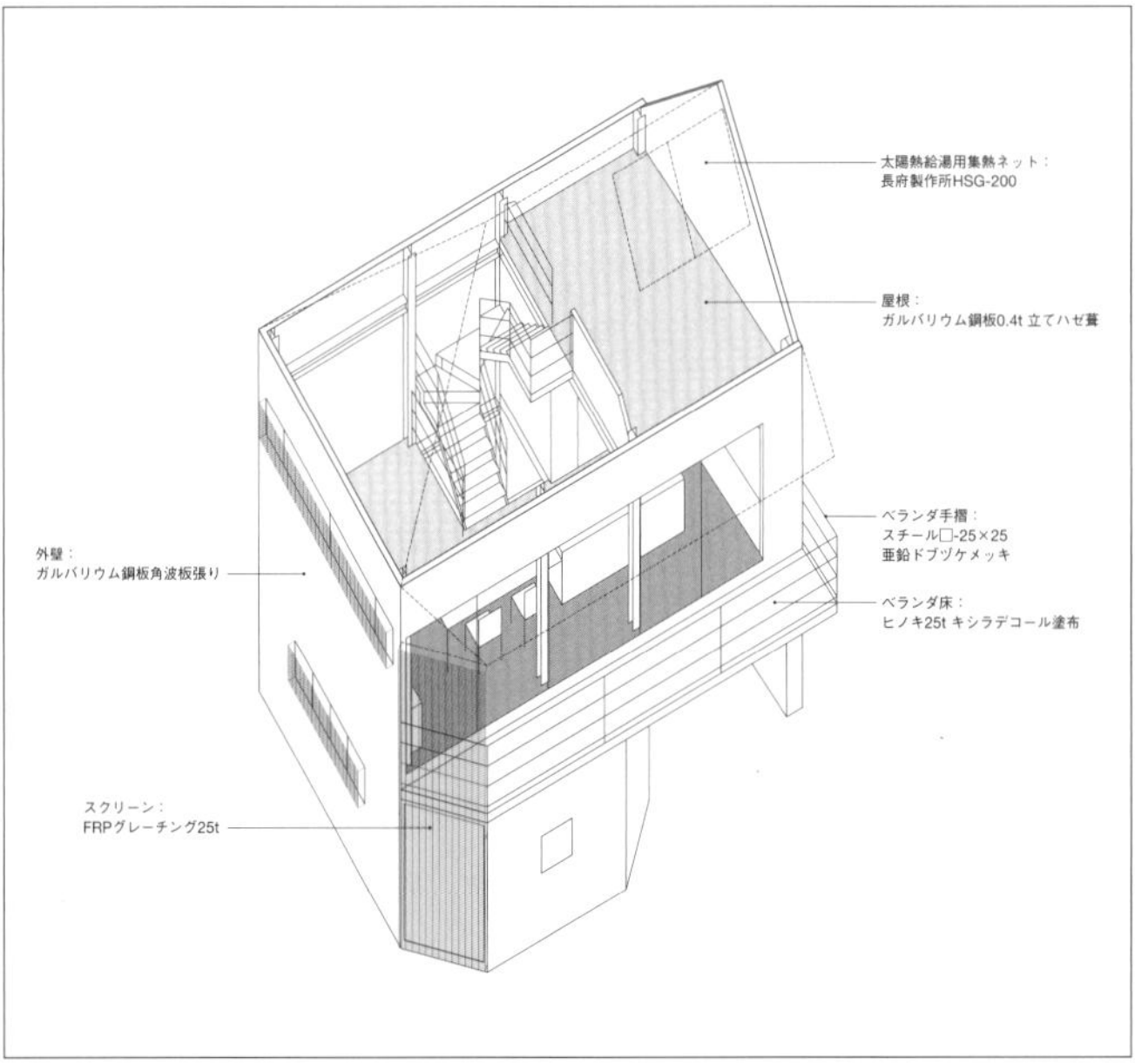

図6-7 「箱の家 132」全体アクソメ図

図6-8　ココラボ環境共生住宅　外観パース

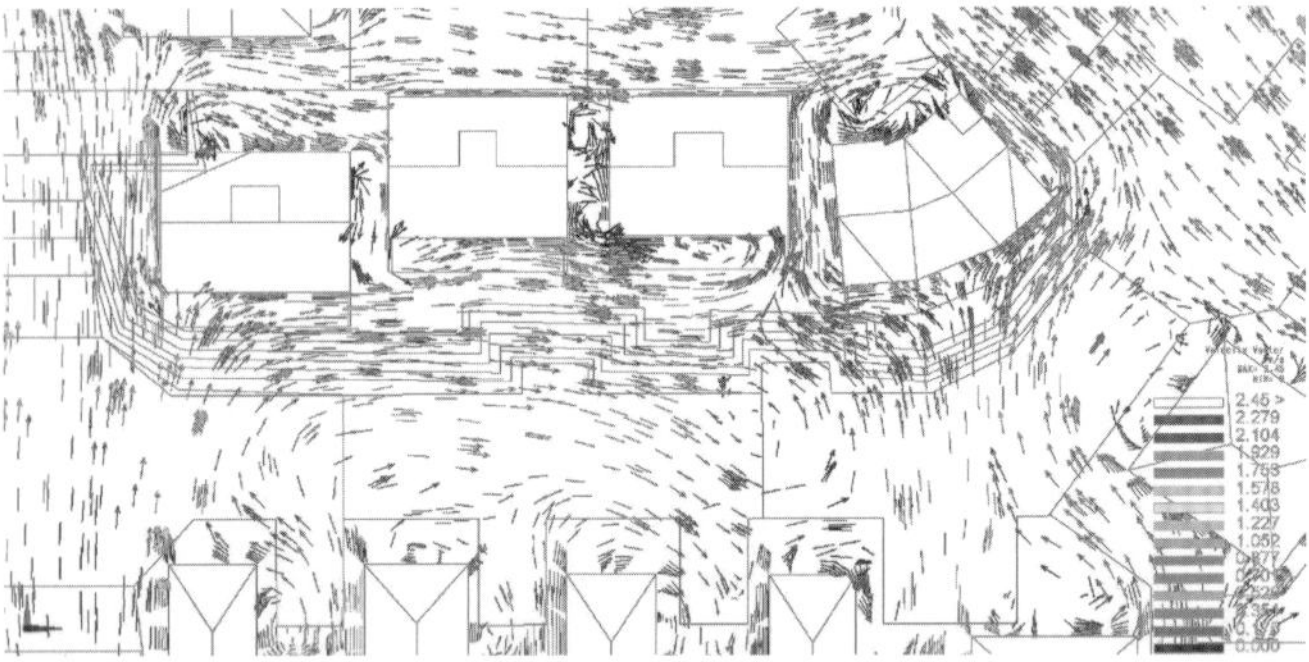

図6-9　ココラボ環境共生住宅　CFDによる風洞実験

図6-10　ココラボ環境共生住宅　内観·外観

8 今後の課題

箱の家の実測と実験によって得られたデータをデザインにフィードバックして、箱の家は今後も少しずつ進化していくだろう。それが目に見える形になるにはもう少し時間が必要だが、建築の四層構造に基づく仮説と実証のサイクルによってシミュレーション技術が確立すれば、住宅デザインは確実に変っていくはずである。現在進行中の「箱の家153」（図6-11〜12）では、床下空間に通常の空調システムを組み込み、アクアレイヤー・システムと組み合わせることによって、より省エネルギーでローコストな空調システムの開発を試みている。もっと重要なことはライフスタイルのあり方自体を変えることによって省エネルギーや快適性を追求することである、例えば「箱の家112」では1階を仕事場、2階を住宅としている。こうすれば1日中建物内に人が生活していることになり、昼間と夜のエネルギーの使用が一体化されるので全体としてのエネルギー消費を大幅に削減できることが分かった。夜間の住宅の床冷暖房は昼間の仕事場の天井暖冷房となる。住宅では給湯がエネルギー消費の中心だが、仕事場では照明はパソコンなどの電気がエネルギー消費の中心である。これを一体化すればコジェネレーションシステムを効率的に運用できる。箱の家での事例はわずかしかないが集合化も重要な条件である。このような方向へ向けて箱の家はさらに進化していくことになるだろう。

図6-11 「箱の家 153」模型 立面

図6-12 「箱の家 153」模型 平面

第７章　3.11以降の箱の家

1　建設業界の現況

２０１５年現在、建設業界は異常事態の中にある。１９９１年のバブル崩壊から「失われた20年」に加えて２００７年のサブプライムローン破綻と２００８年のリーマン・ショックに始まる全世界的な金融恐慌によって、日本の建設業界は不況のどん底に落ち込んだ。この時、多くの建設業者が倒産し職人離れが生じた。その余韻が冷めやらぬ２０１１年３月に東日本大震災が発生したのである。その直後に政権に返り咲いた自民党の安倍晋三内閣は大規模な金融緩和と公共事業の拡大を講じる〈アベノミクス〉によって景気回復と同時に震災復興を図ろうとした。しかしながら萎縮した建設業界の現状の建設能力に対して公共事業を急激に増大させたため、供給と需要の落差によって建設物価と人件費の急激な上昇がもたらされることになった。さらに２０２０年の東京オリンピック開催の決定と２０１４年４月からの所得税率引上げは、建設物価のインフレ傾向をさらに急激に推し進めることになった。その結果、震災復興の多くの建設事業に予算不足が生じ、公共建築はことごとく入札不調という異常事態に陥った。僕の予想ではこのような事態はおそらく東京オリンピックが開催される２０２０年まで続くだろう。

こうした状況の中で若い建築家たちはあらためて自分たちの社会的役割について再考を始めている。今、建築家は何について考えるべきか。私見ではおそらく「原型指向」ではないかと思われる。本章では3・11の震災を契機として建築家が考え始めた「原型指向」の歴史的な様相とそのような視点から見た箱の家の今後の可能性について考えてみたい。

2　コンパクト箱の家の開発

箱の家はもともと原型的な住宅を目指していた。しかし東日本大震災が発生した時、僕は直感的にこれまでよりももっと小さな箱の家が必要になるのではないかと考えた。震災を契機に高齢化と少子化は加速し世帯当たりの人数は縮小するだろう。合わせて都心回帰が今まで以上に進行し一戸当たりの敷地面積は縮小するだろう。その結果、住戸面積は縮小するに違いないからである。そこでこれまでの箱の家よりもひと回り小さくローコストな「コンパクト箱の家」の開発に着手した。

まずコンパクト箱の家の開発の条件を以下のように設定した。

①敷地は20～30坪以下を想定し、変形敷地にも適用できるようなバリエーションを備える。
②家族構成は夫婦ふたり、親子3人または4人家族とし、これに夫婦だけの家族を加える。
③都市に建つ住宅だからこそ箱の家と同様に都市に開かれた住宅とする。
④複数のコンパクト箱の家が並んでひとつの街並をつくることを前提にする。
⑤箱の家を手掛けた経験から、高性能で適正なコストパフォーマンスを実現する。

⑥ 現時点での建設コストを概算し工務店の選定と工事監理に責任をもつ。
⑦ 構造システムは品質を監理した国産杉無垢材による在来軸組構造とする。
以上のような条件のもとで4種類のプロトタイプを開発し概算見積書も付加した。

都心狭小住宅3階建てタイプ（図7-1）
・2・5間×3・5間（4・55m×6・73m）の3階建ての住宅。
・1階に寝室と水回りを、2階に家族室、3階にロフトを配置する。
・直線階段によって柔らかく空間を仕切る。
・20坪以下の都心の狭小敷地にも適用可能である。
・第2種高度地区の北側斜線もクリアした三角屋根である。
・深い庇と鳩小屋により日照と通風をコントロールする。
・基礎も含めて完全な外断熱とし、高気密・高断熱サッシを使用する。
・延べ床面積 約21坪、本体工事費 約2、000万円（税込）。

バリアフリー住宅 平屋タイプ（図7-2）
・4間×5間（7・28m×9・10m）の平屋建て。

図7-1　都心狭小住宅　3階建てタイプ

図7-2　バリアフリー住宅　平屋タイプ

図7-3　L字型の屋外室案タイプ

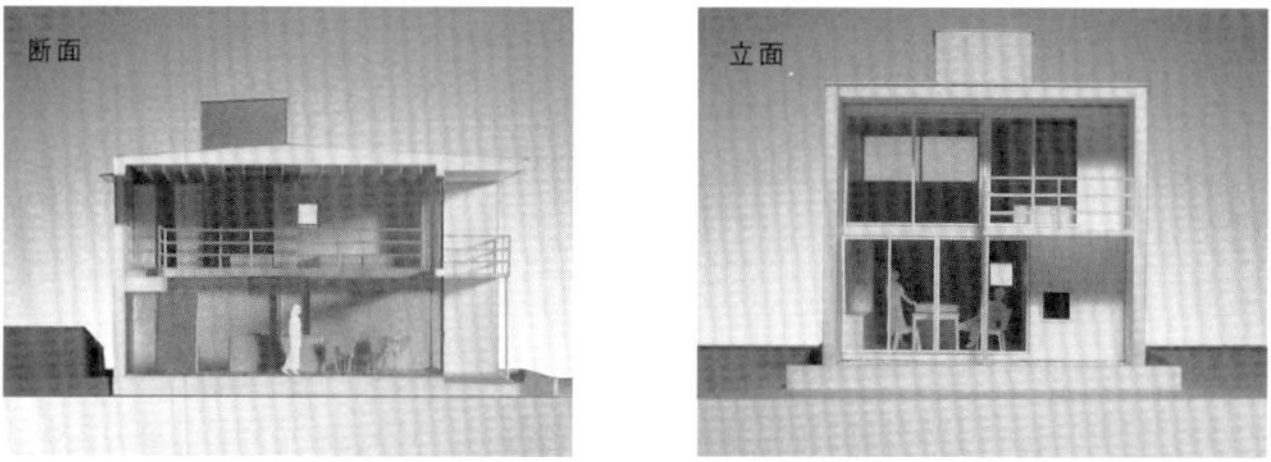

図7-4 細長い大きな吹き抜け 町家タイプ

・寝室と家族室を南側に、水回りを北側に配置する。
・高齢者夫婦にも快適な小さなバリアフリー住宅。
・水回りをコンパクトにまとめて、シンプルな動線とする。
・深い庇と鳩小屋により日照と通風をコントロールする。
・基礎も含めて完全な外断熱とし、高気密・高断熱サッシを使用する。
・延べ床面積 約15坪、本体工事費 約1、650万円（税込）。

L字型の屋外室案タイプ（図7-3）
・4間×4間（7・28m×7・28m）の正方形の住宅。
・4坪（3・64m×3・64m）の屋外室のまわりに1階は家族室と水回りを、2階は寝室と子供室をL字型に配置する。
・広い屋外室を通して1階と2階をつなげる。
・屋外室の南端にルーバーを設置し、道路からの視線を緩やかに遮る。
・深い庇と鳩小屋により日照と通風をコントロールする。
・基礎も含めて完全な外断熱とし、高気密・高断熱サッシを使用する。
・延べ床面積 約23坪、本体工事費 約2、150万円（税込）。

細長い大きな吹き抜け町家タイプ（図7-4）

・3間×5間（5・46m×9・10m）の細長い住宅。
・1階に家族室と水回りを、2階に寝室と子供室を配置する。
・南北に細長い吹き抜けによって1階と2階をつなげる。
・小さいながらものびのびとした住宅とする。
・深い庇と鳩小屋により、日照と通風をコントロールする。
・基礎も含めて完全な外断熱とし、高気密・高断熱サッシを使用する。
・延べ床面積 約19坪、本体工事費 約1、900万円（税込）。

以上のような4タイプのコンパクト箱の家は、図面、仕様書、概算見積書を添えて、僕の事務所のホームページ上に公開された。アップの後にこれを見たクライアントが徐々に訪れるようになり、現在でも続いている。

3　震災復興と戦後復興

3・11の震災直後は大量の仮設住宅の建設が求められた。今回の震災は広い範囲に甚大な被害を及ぼしたので、公的に建設される仮設住宅だけでは対応しきれず、地域の建設業者に木造仮設住宅の提案が求められた。この仕事に協力した建築家たちは住宅にとって最小限必要な条件とは何かという問いに直面した。これまでの仮設住宅では緊急性が最優先され、住戸や集団としての居住性はないがしろにされてきた。しかし仮設住宅での生活は今後数年間は続くと予想される以上、通常の住宅と大差はない。今後建設される震災復興住宅においてもこれは極めて重大な問いかけである。この問題は徐々に若い建築家や学生たちにも浸透していき、住宅における「原型指向」をもたらしたのである。

これまで住宅に最小限必要な条件は何かという「原型指向」の問いかけは歴史上何度となく出現してきた。第3章で詳しく述べたように古くは18世紀啓蒙主義時代のマルク＝アントワーヌ・ロージェの「田野の小屋」に遡るが、復興という点では１９４５年の戦後復興の住宅が今回の状況に最も近いだろう。戦後モダニズムの中で前川國男の「プレモス」（１９４８）（図7-5）をはじめとして多くの建築家が木造プレファブのさまざまな提案を行った。『新建築』誌上では戦後の新しい時代にふさわしい住宅に関するコンペが何度も開催されている。当時の住宅は戦後の建設資材不

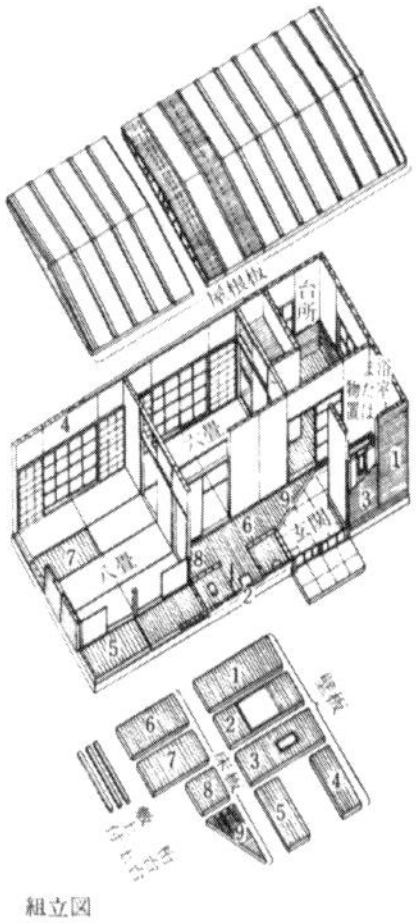

図7-5 「プレモス」（前川國男）組み立て図

足を反映して法的に規模が限定されていたから小規模で原型的な住宅が数多く提案された。住宅建設のための工事費を低金利で融資する住宅金融公庫制度が１９５０年に制定され、戦後復興住宅の建設が本格的に始まった。これによって戸建て住宅を中心に戦後復興を計るという政府の持家政策が確立したのである。そこまで達するのに終戦から5年間が経過している。この点が震災復興が本格的に始まるまであと数年掛かると予測する根拠である。

そのような戦後の状況の中で最もラディカルな住宅の提案を行った建築家が池辺陽《きよし》である。第1章で述べたように、池辺は僕の大学院時代の師匠であり現在の僕の仕事は池辺の仕事の延長線上にある。池辺は戦後すぐに20代で東京大学生産技術研究所の助教授となり、

１９７９年に58歳で亡くなるまで、建築とりわけ住宅について研究と実務を展開した。池辺が目指した目標は大きくふたつあった。ひとつは戦後の民主的な核家族にふさわしい機能的な住空間すなわち一室空間住居を提案することであり、もうひとつは近代的な生産技術と住宅建設とを結び付けること、すなわち住宅の工業生産化である。池辺の仕事の中で最も有名な「立体最小限住居」（１９５０）は彼が展開した住宅ナンバーシリーズの「住宅№３」である。この住宅は設立直後の住宅金融公庫の融資によって建てられ、床面積は当時の面積制限である50㎡（約15坪）で、吹き抜けをもった一室空間住居に親子４人の生活空間が収められている。池辺のその後の住宅№シリーズはこの住宅をプロトタイプとしている。もうひとつのテーマである住宅の工業生産化については、池辺が本格的に活動した１９５０年代から60年代は、新しい建築材料や構法が海外から続々と輸入された時代であり、住宅産業も技術的に成熟していなかったため実験的な試みを繰り返すことに終始している。初期の住宅は在来木造だったが、工業化された木材である集成材技術が輸入されると、構造体の部品化を試み、波形スレートと組み合わせて新しい形態を追求している。後期には鉄骨構造を部品化しアルミサッシを積極的に導入している。この点について池辺は、他の工業製品に比べると住宅は最も複雑な生産物であり工業生産化が最も難しいと主張した。これは１９６０年代に一斉に誕生したハウスメーカーによるコスト最優先の規格化された工業化住宅に対する辛辣な批評だった。

4　ハウスメーカーと箱の家

ハウスメーカーは住宅を工業生産化し大量に供給することを目的として設立された。その背景には住宅金融公庫制度の設立によって政府の住宅政策が戸建て住宅を中心とする持家政策になったという歴史的経緯がある。全世界で持家の戸建て住宅が住宅供給の中心を占めているのは日本とアメリカだけである。終戦直後はヨーロッパ諸国においても戸建て住宅の工業生産化が試みられたが最終的には根付かなかった。日本は戦後の数年間アメリカ軍の傘下にあったため住宅金融公庫制度を含め住宅政策はアメリカの制度を導入した。国土も人口密度も対照的なアメリカの住宅制度が狭い日本にもち込まれたことは歴史の皮肉である。戦後生まれの団塊世代が一斉に婚期を迎える１９７０年代に、住宅需要が最大になることが予測されたので、１９６０年代に政府誘導策によって数多くのハウスメーカーが一斉に設立された。当初は工業生産化された住宅と伝統的な住宅とのデザインは明らかに異なっていた。そこには初期工業化住宅の新しい可能性に対する挑戦を見ることができる（図7-6）。しかし住宅部品とりわけ外装材やアルミサッシが工業製品化されるにつれて両者の差異は見分けがつかなくなっていく。１９５０年代半ばから60年代の高度経済成長期を経て１９７０年代になると、実質的な性能よりも表層デザインの差異が商品化される消費社会の時代に入り、住宅のデザインは表層のイメージを優先する方向へと転換する。１９７０年代

図7-6　セキスイハウスA型（1960年）

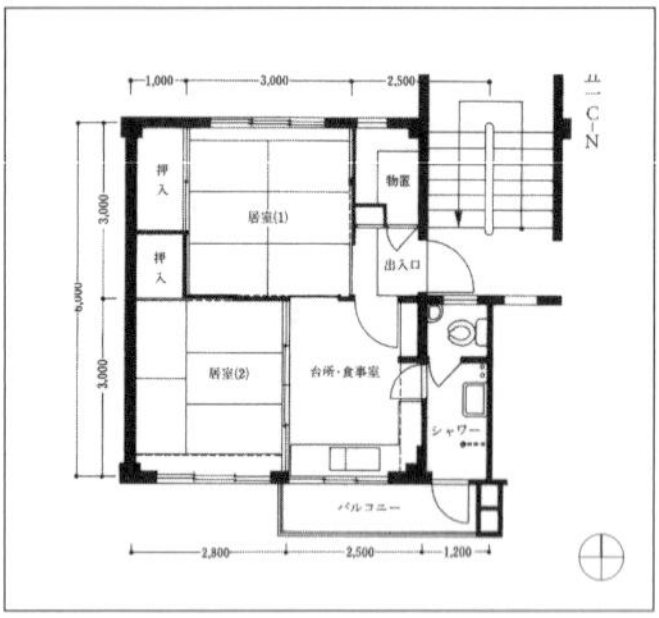

図7-7　51C型

に住宅戸数が全世帯数を超え数字の上では住宅難が解消されると、政府は住宅供給を全面的に民営化する方向へと政策転換を行う。この結果、住宅の販売競争はますます過激化しイメージの差異を競うようになる。高度経済成長で生活が豊かになり住宅の規模が大きくなると、家族のメンバーとりわけ子供の部屋を独立させるｎＬＤＫプランの住宅が中心になる。

ｎＬＤＫプランの原型となったのは住宅公団が開発した住戸プラン51Ｃ型（図7-7）である。生活が豊かになりライフスタイルが多様化すると、それまでの家族だんらんから家族メンバーが各自の生活を優先するような生活に変化し、家族の解体が社会問題となる。しかしハウスメーカーは家族形態やライフスタイルの変容に追従できず相変わらず家族だんらんという幻想イメージに依存したｎＬＤＫ住宅を供給し続けてきたのである。

このような現代の弛緩した工業化住宅に対する批評的な代替案として提案したのが箱の家である。箱の家は敷地、家族構成、予算など、それぞれの条件に基づく個別的な解答でありながら同時に今日の住宅のあるべきプロトタイプ（原型）に基づいてデザインされている。しかし箱の家は現代の平均的な家族形態やライフスタイルに対応した一般解ではない。箱の家のクライアントはすべてユニークな家族であり、すべての箱の家が個別的な条件に対する特殊解である。にもかかわらずそこには共通した特性がある。クライアントはその特性を共有する家族である。個別的でありながら住宅に関する特異なコンセプトを共有した解答は一般解というより普遍解と言うべきかもしれない。第5章のＭＵＪＩ ＨＯＵＳＥでも述べたように、箱の家は設計の段階から住まい方に至るまでクライアントの積極的な関与を喚起している。クライアントの関与は住宅に対するクライアントの考え方を大きく変える。この点については第9章において詳しく論じるつもりである。

5　木造仮設住宅

福島の建築家、芳賀沼整《はがぬませい》に会ったのは数年前である。ＪＩＡ（日本建築家協会）福島支部での講演を依頼され、その打ち合せにわざわざ僕の事務所まで来られた。それがきっかけで協働で何か

図7-8　木造仮設住宅群　外観・内観

できないかを探っていたが、震災後に福島県での仮設住宅の計画に誘われることになった。3・11の震災直後に政府の試算によって被災地の仮設住宅は7万戸が必要であることが発表された。日本プレファブ協会だけでは短期間でこれだけの仮設住宅をすべて供給することが困難であることが分かったので、急きょ、福島、宮城、岩手3県で新たに木造仮設住宅が計画されることになったのである。コンペ形式で木造仮設住宅の提案依頼を受けたのは地元の工務店やデベロッパーだった。しかし木造仮設住宅そのものだけでなく個別の敷地への配置計画については初めての経験であり、間接的な形ではあるが地元の建築家たちが協力せざるを得なくなった。JIA福島のメンバーはこの計画に積極的に取り組んだ。芳賀沼の依頼で僕は彼らのチームが開発したログハウス・システムによる仮設住宅の設計監修に参加することになった。僕が計画に参加した時、7月末に完成予定の第1期工事はすでに設計を終えて工事が進んでいた。僕はその現場を訪れて直ちに木造仮設住宅の大きな可能性を読み取った。木造の仮設住宅は日本プレファブ協会が提供する既製の鉄骨仮設住宅に比べると、性能もデザインも格段に優れていた。何よりも木質のテクスチャーが被災入居者に与える心理的な効果が優れていることは間違いないように思えた。とはいえ仮設住宅を木造でつくることは工務店や建築家にとっても初めての経験だったから第1期の仮設住宅はさまざまな問題を抱えていた。玄関風除室が付加的な構造なので、外観が必要以上に複雑で耐候性にも問題がありそうだった。室内では水回りの配置が整理されておらず小さな室内がさらに分断されていた。第2期の設計において僕はログハウスの技術的な可能性と箱の家のコンセプトを結び付けることを試みた。具体的には第1期のログハウスの構造壁を最小限に削減することによって構造システムを可能な限り単純化し、室内を一室空間化するとともに外部空間へと開くように変更した。これによって外観が整理されフレキシブルな一室空間住居が実現された（図7-8）。

6　KAMAISHIの箱

釜石市に被災者のための小さな仮設の集会場をつくるという計画は、芳賀沼氏の個人的な発案から始まった。彼は東北大学の博士課程に社会人として在学中だったが、彼の後輩で彼のアトリエで働いたことがある女性建築家の岩間妙子さんと震災時に釜石市の建築課長だった彼女の父親、岩間正行氏が釜石市の北にある大槌町で被災した。芳賀沼氏はこのような個人的関係から釜石の復興に何らかの貢献をしたいという気持ちでこの集会場の計画を思い立ち、僕に相談してきたのである。僕たちは大急ぎで叩き台となる第1案をまとめ、２０１１年6月はじめに協力してくれた郡山の日本大学工学部浦部智義研究室のメンバーとともに釜石に向かった。釜石で敷地候補である市内中心部の大只越《おおただごえ》公園を調査した。そこは都市計画によって整備された南北に延びる公園道路の突き当たりにあり、緩やかな南斜面の背後には禅寺と急斜面に広がる墓地を控えていた。僕と芳賀沼氏はそこに強い「場所の力」を感じた。その夜に僕たちはこの公園に鎮魂のための小さな「箱」をつくることを決めて「ＫＡＭＡＩＳＨＩの箱」と名付けることにした。その後に釜石市役所との交渉によって「ＫＡＭＡＩＳＨＩの箱」は釜石市の西部にある鈴子《すずこ》公園にも建設されることになった。鈴子公園は交通の頻繁な道路に面しているため、こちらの「ＫＡＭＡＩＳＨＩの箱」には開放的なテラスを設け、間伐材を燃料とするバイオマス・ボイラーを用いた足湯を設置することになった。「ＫＡＭＡＩＳＨの箱」の杉材はログハウスの木造仮設住宅を建設している芳賀沼製作所が提供してくれることになった。ログハウスの材料は福島県の杉材であり横に積み上げて壁面を構成するように加工されている。僕たちはログ材を横に積み上げるのではなく４ｍの標準材を縦に並べて構造壁面をつくる構法を考案した。基礎杭は仮設住宅と同じ杉丸太の現場打ちなので、その上に敷かれた土台の側面に壁面をボルト留めし、仮設的な浮遊感を演出しようと考えた。部品の加工は福島にある芳賀沼製作の作業場で行い、釜石まで運搬し現地で組み立てねばならない。仮設建築なので解体と再構築の構法も考える必要がある。杉材の断熱性能を調べると厚さ１１０㎜でグラスウール10kg／㎡の50㎜厚に匹敵することが分かった。したがって釜石の気候ならば構法を単純化して内外一発仕上げとしてもかろうじて大丈夫だと判断した。仮設住宅では外壁に耐候性塗料を塗っているが、「ＫＡＭＡＩＳＨＩの箱」では塗料は一切使わず杉の表面をガスバーナーで焼いた後にワイヤーブラシで水洗いした焼成仕上げとすることにした。これによって杉材の表面が炭化し耐候性が確保されるだけでなく、褐色の木目が浮かび上がり壁面のテクスチャーに静謐《せいひつ》な表情が生まれる。木材を1本ずつ組み立てるのは煩瑣な上に精度を確保するのが難しいので、作業場で焼成した杉材をボルトでパネル化し現地で組み立てる構法を考案した。ＦＩＸガラスやサッシのサイズは杉材のモデュールに基づいて製作し、すべての部品が解体可能となるように接着剤は一切使用せずコーチボルト留めやビス留めの乾式工法を徹底した。床には内外とも壁と同様に焼成した檜

図7-9「KAMAISHIの箱」大只越公園 内観·外観

図7-10「KAMAISHIの箱」鈴子公園 内観·外観

図7-11 「KAMAISHIの箱」解体

図7-12 「KAMAISHIの箱」移築

図7-13 「KAMAISHIの箱」移築後

の角材を敷き込んでいる。屋根は2×10材の小梁の下に構造用合板を張って面剛性を確保し、その上に断熱材を敷き込み合板下の天井に外部用の黒色テントを張っている（図7‐9〜10）。

現地での組み立ては大工が中心となり東北大学出身の支援有志、芳賀沼氏の事務所スタッフ、日本大学工学部の浦部研究室の学生たちの協力によって進められた。すべての建築要素がパネル化・部品化されているので建方は数日で完了した。室内には最小限の家具がつくり付けられている。椅子はムジネットから2カ所の「ＫＡＭＡＩＳＨＩの箱」にそれぞれ15脚ずつ寄附を受けた。この施設はいったん市に寄附されたのちに釜石の市民団体への委託によって運営され、街中にある大只越公園の「ＫＡＭＡＩＳＨＩの箱」はインターネットカフェとして、鈴子公園の「ＫＡＭＡＩＳＨＩの箱」はバスの待合室やＮＧＯの集会室として使用された。前者は2年間使用された後に払い下げられ、後に解体され、釜石の北の大槌町に移築されて現在は岩間父娘の設計事務所として使用されている。この解体移築によって接着剤を使わずボルトと釘だけによる完全な乾式構法で組み立てた当初のシステムの有効性が証明された（図7‐11〜13）。後者は現在でもＮＧＯの事務所として使用されている。

7　縦ログ構法住宅の開発

「ＫＡＭＡＩＳＨＩの箱」で縦ログ構法の機動性に確信がもてたが、これはあくまで仮設建築であり移築して本設建築にするには3つのハードルを越える必要があった。ひとつ目は構造システムとして法的な認定を受ける必要があること。ふたつ目は都市に建てるには法的な耐火性（準耐火）の認定を受ける必要があること。そして3つ目は次世代省エネ基準をクリアできるような断熱性能をもつことである。最初のふたつの条件を乗り越えるには正式な認定機関で実験を行う必要があり、ある程度の時間が掛かることが予想された。このため暫定的な対策として縦ログ構法を一種の軸組構法とみなし、すでに認定されている構造システムと準防火構法を適用して復興住宅のモデルハウスを設計した（図7‐14〜15）。この計画と並行して法的規定が必要のない地域に建つ住宅でも構法の実験を試みた（図7‐16）。そして約1年間かけて秋田県立大学での予備試験を経て、認定試験場での強度試験と防火試験を行い大臣認定を得ることができた（図7‐17〜18）。まだ一部の認定だけなので、さらに広範な構法の認定を受けるための作業が進行中である。

僕たちが考案した縦ログ構法は既製の横ログ材（12㎝×18㎝×４００㎝）の複数個を並べて最大１８０㎝幅（10ユニット）のパネルとし、これを二重に重ねて構造壁＋内外壁仕上げ材とする構法である。2階床や屋根版もログ材の梁と構造用合板かＣＬＴ（Cross Laminated Timber）で

図7-14　縦ログ構法住宅　希望ヶ丘プロジェクト　外観

図7-17　縦ログ材の強度試験

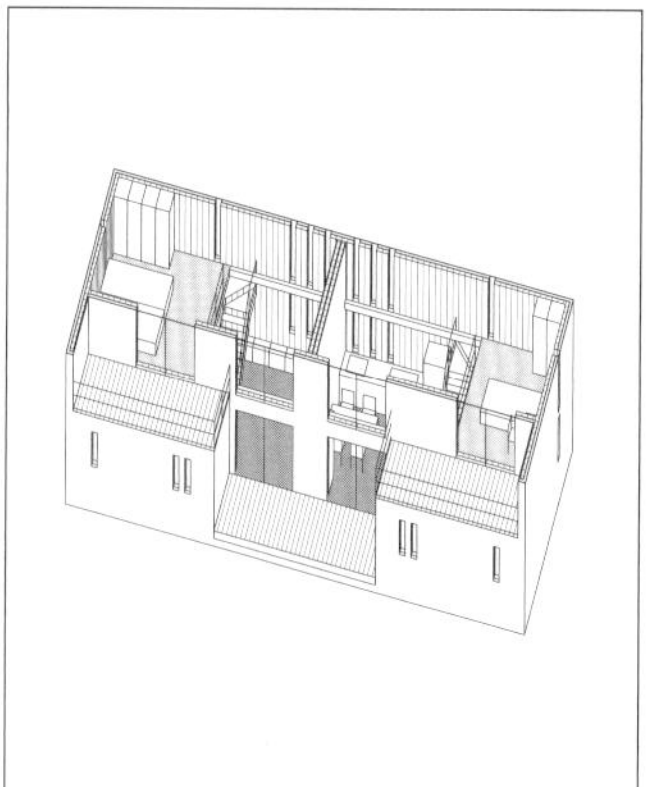

図7-15　縦ログ構法住宅　郡山計画
全体アクソメ図

図7-18　縦ログ材の防火試験

図7-16　縦ログ構法住宅「針生の箱」外観

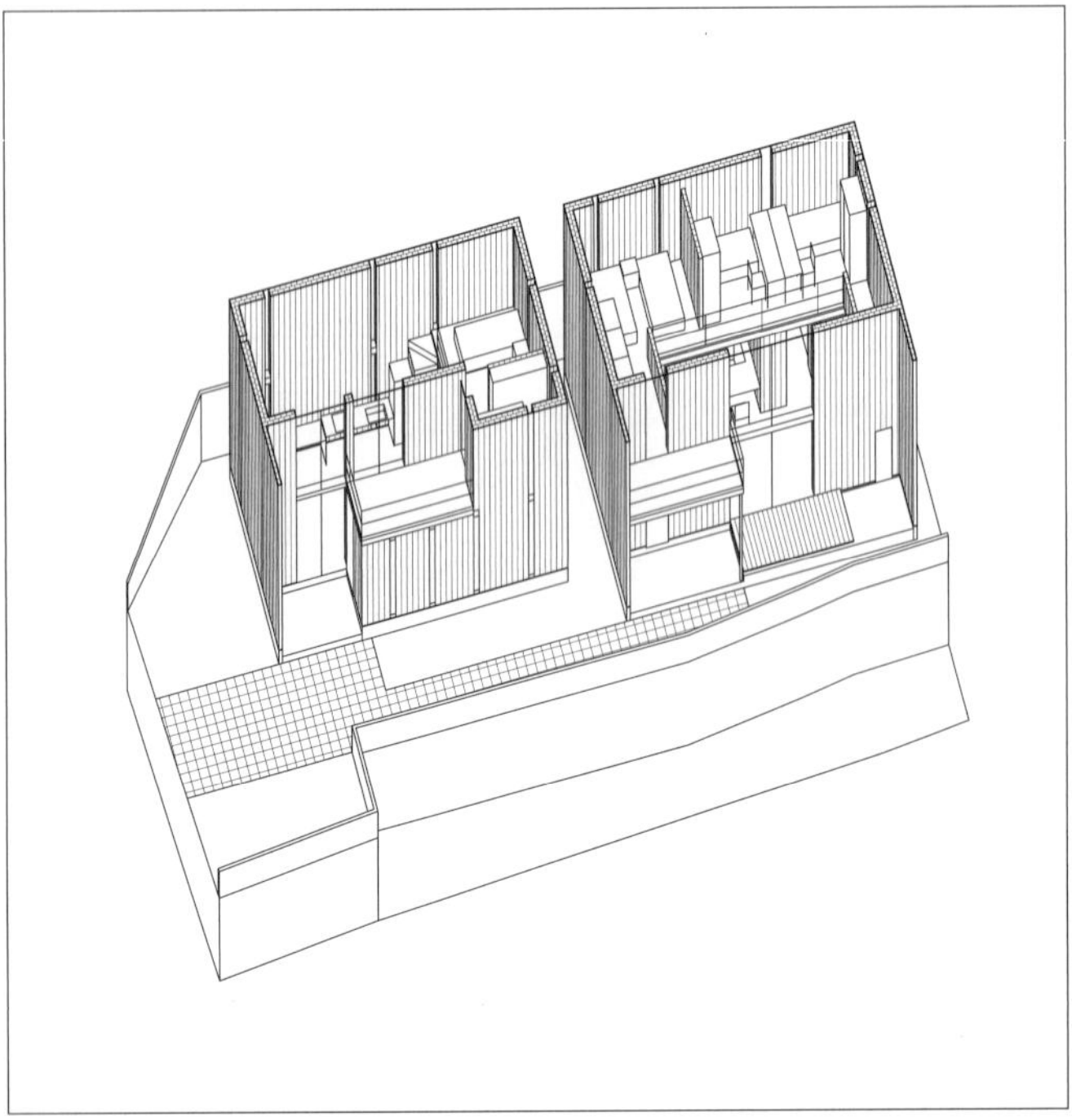

図7-19　縦ログ構法住宅　いわき計画　全体アクソメ図

構成する。この構法では外壁の断熱性能が次世代省エネ基準を達成できる上に2列のログ壁のジョイントをずらすことによって準耐火性能と気密性能を確保できる。何よりも内外ともに杉材で仕上げることによってヒューマンな街並が形成されることになるだろう（図7-19）。これまでの軸組構法に比べると縦ログ構法は大量の杉材を使用することになるが、長期的な計画を立てることによって日本の林業の活性化にも寄与することは間違いないと思う。

8　建築家の社会的役割

以上で開発中のプロトタイプ住宅や構法を紹介してきた。これらはすべて箱の家のコンセプトの展開型である。今後、震災復興に建築家がどう関わっていくかは大きな問題である。建築家は建設業界からもあるいは震災地域からも協力を求められていない。建築家はいわば「現場」から離れた間接的な立場にあり、直接的な復興活動のためのシステムや制度から疎外されている。しかし建築家が現場から疎外されているのは今に始まったことではない。それは建築家という職能の基本的条件であり建築家はその立場に甘んじてきた。歴史的に醸成されてきた建築家の立場を今になって急に転換することはできない。可能なのは制度やシステムに頼らず目の前に与えられた仕事に全力で取り組み、ボトムアップで個別的な活動を展開することでしかないように思う。3・11の震災復興は戦後復興と同型である。僕の考えでは3・11大震災は、戦後から今日まで迷走してきた住宅生産・供給のあり方を再検討する格好の機会である。現在のような建設業界の短期的な異常事態の中でこそ、射程距離の長い復興のヴィジョンが求められている。プロトタイプ住宅の開発は建築家にとって重要な仕事のひとつだと僕は信じている。

第８章　箱の建築

1　一室空間と箱のコンセプト

振り返ってみると僕にとって箱のコンセプトは、建築を学び始めた時から僕の中に無意識ながらも厳然と存在していたような気がする。１９６０年代の後半に大学で受けた設計教育ではモダニズムの様式としての箱のコンセプトを叩き込まれた。設計課題ではほとんど箱のデザインによって応えるよう指導されたことを記憶している。大学院に進学してからすぐに実務に取り組むことになったが、最初の本格的な仕事である「直島幼児学園」（１９７５）（図８-１）は明らかに一室空間の箱のコンセプトでデザインされている。当時イェール大学に留学していた石井和紘との共同設計だったが、実施設計はすべて僕が担当した。この建築にはルイス・カーンの箱型建築とカーンの弟子であるチャールズ・ムーアが提唱したジャイアント・ファニチャーのコンセプトの影響が色濃くみられる。続く「直島町立体育館」（１９７６）（図８-２）では巨大な箱である体育館の前に小さな箱をランダムに並べ、その下をコロネードとすることによって体育館のスケール・ダウンを図っている。外観は小さな箱が分節しているように見えるが、内部はほぼ一室空間である。離島の工事を考慮して鉄骨の構造部品をすべて工場製作によってユニット化し現場に運んで組み立てる構法を考案した。同じ時期に設計した「54の窓」（１９７６）（図８-３〜４）も工業生産化した54個の「箱＝窓」をコンクリートの箱にプラグインするというコンセプトで設計している。これは、

図8-1 「直島幼児学園」外観

図8-2 「直島町立体育館」外観

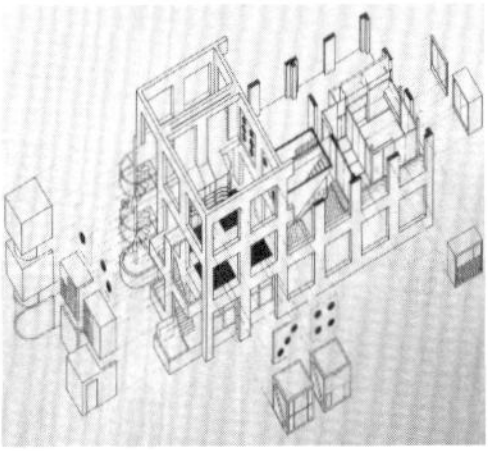

図8-4 「54の窓」全体アクソメ図

図8-3 「54の窓」外観

図8-5 「田上町立竹の友幼稚園」外観

図8-6 「田上町立竹の友幼稚園」内観

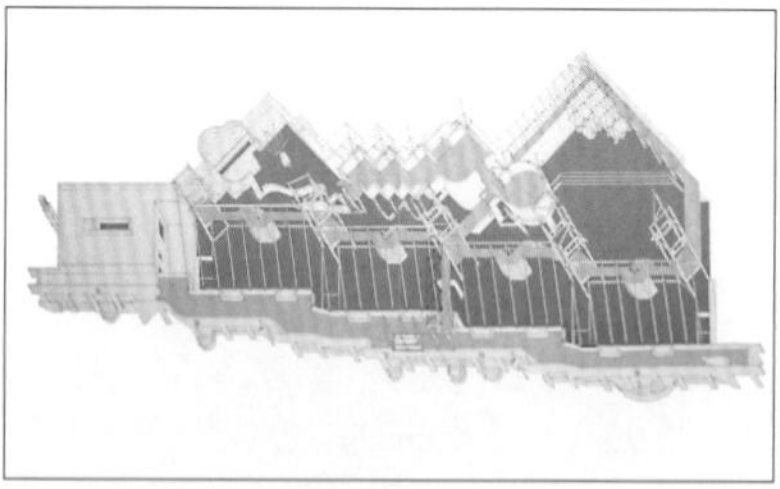

図8-7 「田上町立竹の友幼稚園」全体アクソメ図

図8-8 「センズベリー視覚芸術センター」
(ノーマン・フォスター)

当時出現し始めた超高層建築の規格化された単調なカーテンウォールに対するカウンター・プロポーザルだった。これらの建築には標準化された箱を組み合わせることによって多様な空間を生み出すという近代建築の「標準化と多様性」というテーマが通底している。これは池辺研究室の工業生産化のテーマでもあった。僕はこのテーマを意識しながら設計に取り組んだのである。このテーマをさらに進化させ複雑な空間へ適用したのが「田上町立竹の友幼稚園」（1978）（図8-5〜7）である。この建築は新しく組織した設計チームで協働で取り組んだプロジェクトなので、外観は完全な箱ではないが、内部は広大な一室空間が多様な機能ユニットによって柔らかく仕切られている。この建築でも「標準化と多様性」は依然として大きなテーマだったのである。これらの建築においては一室空間と箱のコンセプトは無意識的な存在で方法化されていなかった。

箱のコンセプトの可能性を確信し方法化しようと考え始めたのはノーマン・フォスターが設計した「センズベリー視覚芸術センター」（1977）（図8-8）を訪れた時からである。この建築はロンドン北方ノーリッジのイースト・アングリア大学の広大なキャンパス内にある。巨大な門型鉄骨スペーストラスを線状に並べ、屋根と外壁をすべて同一サイズのアルミニウム製の断熱サンドイッチパネルと窓パネルによって覆ったトンネルのようなシンプルな一室空間である。屋根と壁のスペーストラスの空間は人間が立って移動できるだけの高さと幅があり、サービスゾーンとして設備機械類はすべてここに収められている。トラスの室内側はアルミニウムのルーバーで覆われ、自然光や人工照明による柔らかな光が室内を満たし無重力的な近未来空間を生み出している。トンネル状の一室空間はストライプ状にレストラン、研究室と管理室、美術館、玄関ホール、ラウンジという異なる機能ゾーンに分けられている。研究室と管理室が2層の仕切られた部屋になっている以外はすべて連続した一室空間であり、それぞれの機能ゾーンは必要に応じて衝立や家具によって仕切られているだけである。この建築を見た時、僕はこの一室空間にはどんな機能でも収めることができると直感した。高性能な箱であれば公共建築も商業建築も住宅もすべての機能を収容できることを確信したのである。

その後、いくつかの建築でこのコンセプトを検証した。「ＥＸマシン１９９０」（図8-9）では4本柱の櫓《やぐら》の内部に設備類を収め、櫓から広がる傘状の屋根構造にカーテンウォールを架けた展示場を設計した。用途は別荘地の案内場だったので別荘の売買交渉を行う部屋と従業員用のバックヤードだけが壁で閉じられており、それ以外の機能はすべて家具とつい立てで仕切られた一室空間である。

「箱の家００１」が完成した１９９５年にはこのコンセプトを拡大した「国立国会図書館関西館コンペ案」（１９９５）（図8-10〜11）を提案し次点に入選した。建物は2層分の高さをもつ広大な一室空間で、管理部門や設備機械類を収めた南北に走る4本柱の2階建てゾーンによってストライプ状の空間に仕切られている。地下室全体に書庫を収め、階段、エレベーター、書籍運搬機、配

図8-9 「EXマシン1990」

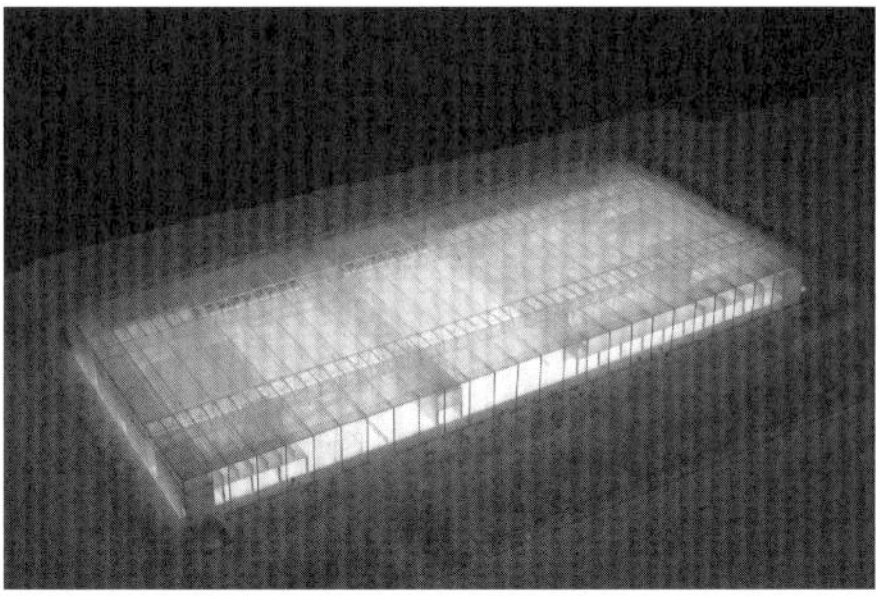

図8-10 「国立国会図書館関西館コンペ案」模型

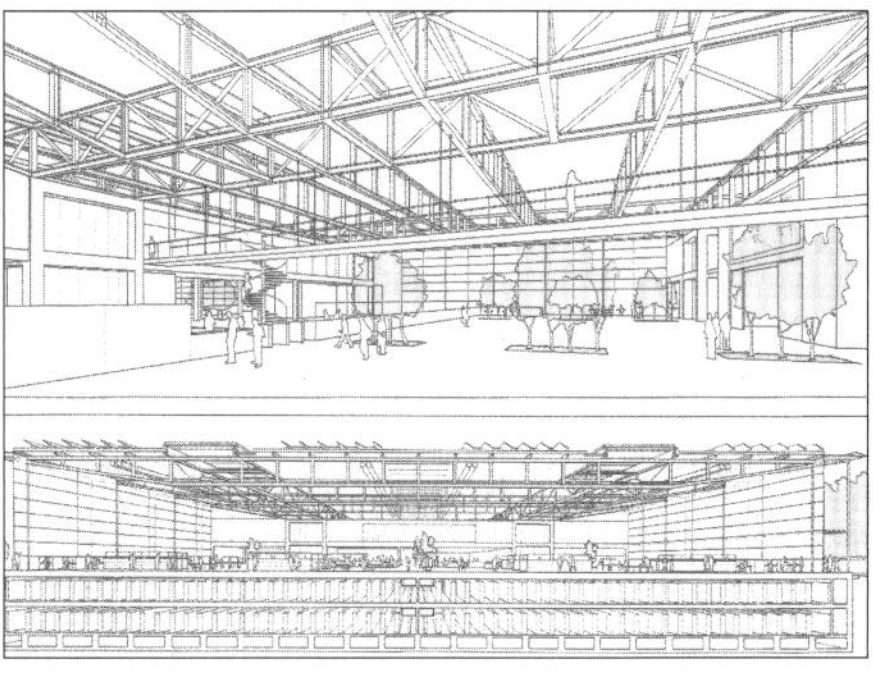

図8-11 「国立国会図書館関西館コンペ案」内観パース

管配線類などの縦動線はすべて櫓の中に収められている。このコンペ案の当選によって「センズベリー視覚芸術センター」で学んだ教訓を検証するとともに、箱の家のコンセプトが巨大な公共建築にも通用することを確信したことを記憶している。

2　箱の幼稚園（図8‐12〜14）

「なおび幼稚園」（2004）は箱の家のコンセプトを幼稚園に適用した例である。「直島幼児学園」や「竹の友幼稚園」は箱のコンセプトを自覚するようになる以前の無意識的な建築だが「なおび幼稚園」は「建築の四層構造」の方法をストレートに適用したサステイナブルな幼稚園である。木造平屋建ての旧園舎が築後40年を経過して老朽化が進み増築の繰り返しによって機能的にも構造的にも多くの問題を抱えていた。新園長の就任を契機に幼児教育のシステムを先進的なオープン教育に再編成し、人的組織も一新して新しい幼稚園にふさわしい園舎を計画することになった。新園舎の設計において要求された条件は以下の通りだった。

・園長が提唱するオープン教育にふさわしいオープン・クラスルームの園舎であること。
・園児の生活空間がすべて日当たりのよい園庭に面していること。
・なおび幼稚園の「裸教育」の伝統を引き継ぐために必要な室内環境を維持すること。

図8-12　「なおび幼稚園」内観

・「裸教育」のために使用する素材は可能な限り木質系の材料で仕上げること。

・建て替えのために休園はせず、園児の安全を確保しながら建設できるように計画すること。

オープン・クラスルームの幼稚園はすでに30年近く前に「直島幼児学園」や「竹の友幼稚園」を設計したことがあるので、僕としては特に目新しいプログラムではなかった。箱の家シリーズではすでに一室空間住居の試みを続けており、間仕切りのないクラスルームの考え方もごく自然に受け入れることができた。新園長は「箱の家００７」のクライアントなので住まいと同じ考え方を幼稚園に適用することの意味を十分に理解されていた。したがってプログラムの面ではほとんど問題はなかった。所定の広

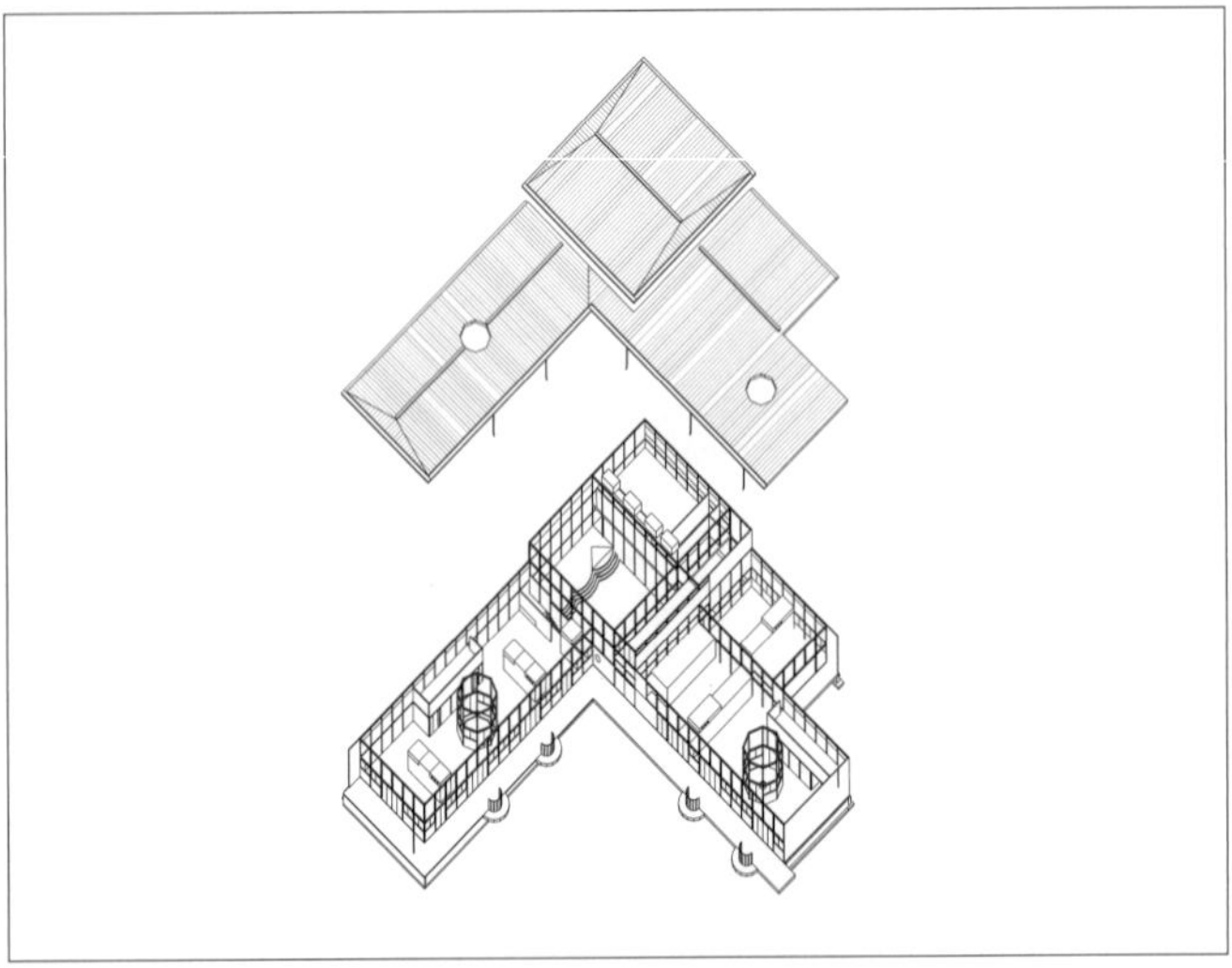

図8-13 「なおび幼稚園」全体アクソメ図

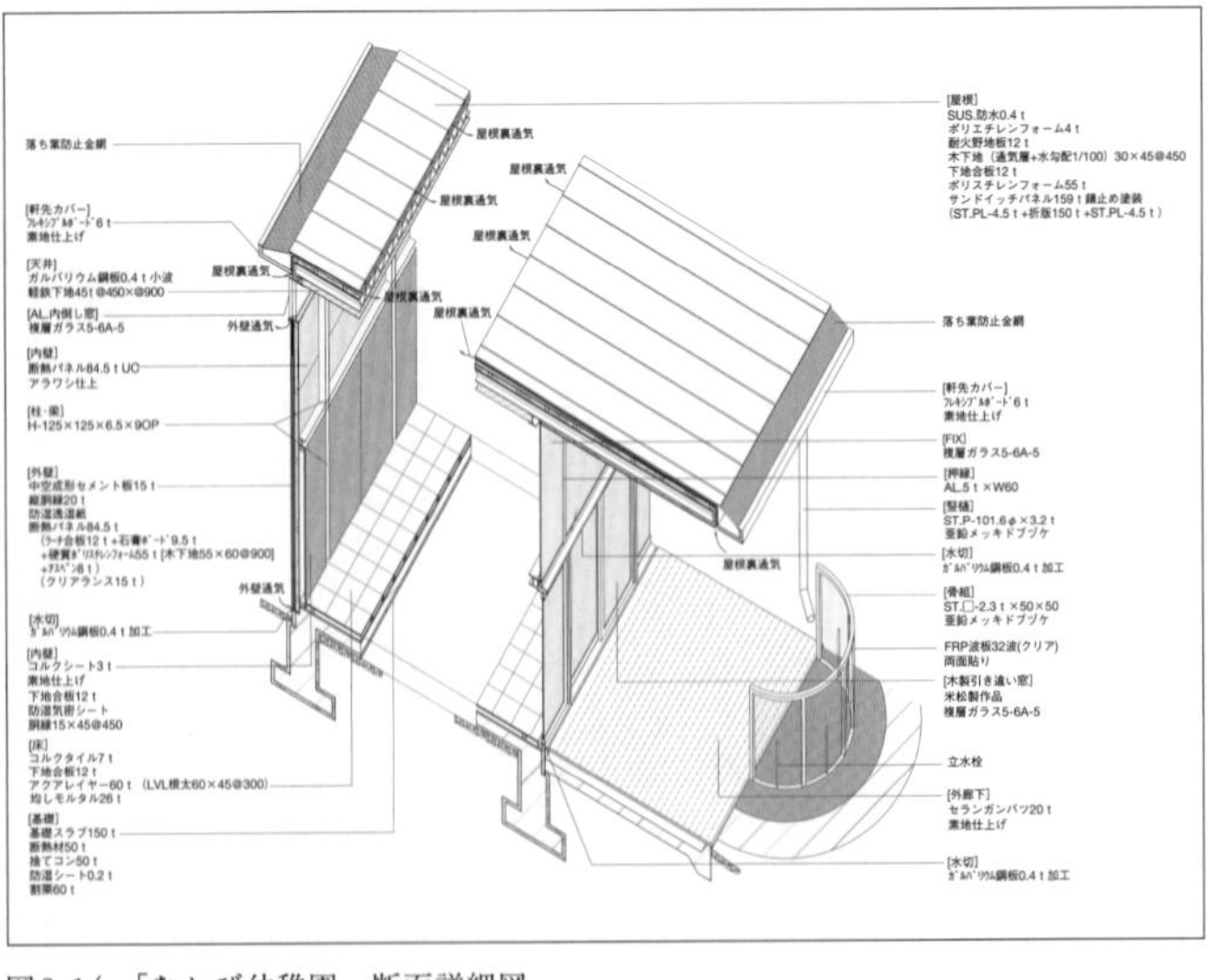

図8-14 「なおび幼稚園」断面詳細図

さをもつクラスルームは家具や屋外室によって柔らかく仕切られているだけで、室内はほぼ一室空間である。園児は玄関からいったん外廊下に出てクラスルームに入る。幅の広い外廊下は庇に覆われた縁側のような空間でそのまま園庭に連続している。クラスルームを地上レベルに置けば法的制限の緩和があるので当初は集成材造を考えていた。しかしそのためには１、５００㎡近い園舎を分棟にしなければならないし防火区画も必要となる。これは間仕切りのない一室空間的な園舎の考え方に矛盾するので最終的に鉄骨造を選択した。その代わり鉄骨の構造骨組み材は可能な限り目立たないように納め、仕上げ材料はすべて木質系としている。外周に立つ１８０㎝ピッチのフィーレンデール・フレームは１２５㎜角Ｈ形鋼で、その上に１５０㎜厚のデッキプレートをスチールプレートで挟んだ屋根スラブを載せただけの単純で明快な構造システムである。建具や外壁パネルはすべてフィーレンデール・フレームに取り付けられている。

　この幼稚園の特色は裸教育である。園児たちは真冬でも上半身裸で活動する。この伝統を今後も引き継いでいくために、新園舎では自然の気候を取り込みながら柔らかな室内環境を保つことが求められた。そのために以下のような方策が採用された。これらはすべて箱の家シリーズにおいて開発された方法である。まず構造体は鉄骨の上部構造だけでなくＲＣ基礎を含めて完全に外断熱パネルによって梱包している。外廊下には片持ちの庇が２・７ｍ跳ね出しているが、この鉄骨スラブも完全に断熱材で包み込んでいる。このため庇が厚くなるが重く見えないように樋のデザインに留意した。開口部も構造体の外側に取り付け、ガラスはすべてペアガラスとしている。夏季の直射日光が室内に入らないよう建物外周に庇を回している。庇の張り出し寸法は夏至前後の太陽の動きによって決めた。この庇は軒樋を兼ねており、外壁の耐候性を確保する点においても有効である。夏季の直射日光による輻射熱が室内に放射しないように屋根・外壁の断熱材の外側に通気層を通している。張り出し２・７ｍの深い庇は上下に断熱パネルで包み通気層を取っているが、できるだけ軽快に見せるため水平線を強調したデザインとしている。外壁は基礎上から軒樋まで、屋根は軒樋内側から屋根中央の排気筒まで空気の流れを確保している。園庭側の開口は開放可能な木製引き違い戸とし、北と西には高窓をつけて自然通風を確保している。園舎全体の床面（ＲＣスラブ上）に水蓄熱式床暖房（アクアレイヤー・システム）を組み込んだ。箱の家の熱源は深夜電力によるシートヒーターだがこの幼稚園では新たに開発したガス熱源の温水を用いている。冬季の直射日光によるダイレクトゲインは床下の水袋とＲＣスラブに蓄熱され水の対流によって拡散される。夏季の特別暑い日のためにはヒートポンプ空調機を備えている。園庭の全面を芝生張りとし夏の照り返しを制御している。外廊下と深い庇は夏季は直射日光を遮り、冬はひなたぼっこの場所となる。こうして環境制御装置としての幼稚園が完成したのである。

3　ふたつの箱の工場

工場はフレキシブルで大きな空間が必要な建築なので、箱の家のコンセプトが最も適用しやすい。ここでは同じコンセプトのふたつの工場を紹介しよう。

「ＣＩＸＭ工場」（２００３）（図8-15）はイタリアの家具メーカーであるカッシーナの日本工場である。この工場は基本設計から竣工までの12カ月間で工場に必要とされる規模と性能を限定された条件のもとで合理的に高いレベルで実現しなければならなかった。敷地は郊外の小山を造成した土地、眼下にはのどかな田園風景が広がっている。敷地のアプローチを考慮し、南北に長い建物を敷地西側に配置し搬出入用の道路と駐車場を建物の東側に配置している。建物の外形は１２０ｍ×42ｍの長方形である。工場内は3つのゾーンで構成され、北側から事務スペース、作業場、倉庫である。工場建築において構造と設備にかかるコストの割合は大きい。これらの経済合理的な設計が課題となった。構造は鉄骨造で6ｍモデュールとした。これは構造的な合理性と屋根材と外装材の折板鋼板の経済的な寸法から決定された。南北に長い中央通路の上部にはトラスが立ち上がり、トラスに沿うように全長１２０ｍのハイサイドライトが設置されている。短手中央部に区画された幅6ｍの通路ゾーンに沿うように18ｍスパンのトラスが2列配置されている。この中央トラスと外周に6ｍ間隔で配された柱（H-２００×２００）とをつなぐ形で18ｍスパンの大梁

（H-600×200）が架けられる。6m間隔に配置された大梁と直行する方向にはH-194×150の小梁が3mピッチで配され屋根や外壁を兼ねた折板が支持されている。耐震計画としては両方向ともブレース構造としており、鉄骨ブレースを平面計画に適応させ全体的にバランスよく組み込んでいる。平面的に対称性を確保し視覚的に方向性や連続性を意識したデザインとすることで部材の画一化・均質化を図り、極めて合理的な構造システムとしている。作業場は無柱空間とし配置変更のフレキシビリティを確保した。天井の高さは収納棚の最大高さで決定された。設備ラックを東西外壁に平行に設置している。配管、配線、ダクト類は設備ラックに集約し増設やメンテナンスが容易にできるようにしている。家具工場は通常の工場よりも面積当たりの人数が少ないので、室内環境を確保するために断熱・採光・自然換気をいかに効率的に配分するかが設計上のポイントとなった。屋根と外壁は折板鋼板によって連続させ折板の形状を利用して内側に断熱パネルを張った簡易ダブルスキンの外壁通気システムである。南北の外壁面に跳ね出している庇は構造体のヒートブリッジをなくすように断熱材で覆っている。作業場への採光は中央部のハイサイドライトから採り入れ効率的かつ経済的に室全体の明るさを確保している。換気システムは東側外壁から新鮮空気を自然給気し西側外壁から機械排気している。自然給気には折板の凹凸を利用し東側のメインファサードにベントキャップが露出しないようにした。東側ファサード、ガルバリウム鋼板の折板で仕上げられた単純明快でモノリシックな外観である。

図8-15 「CIXM工場」

図8-16 「アタゴ機械工場」

もうひとつの工場は精密機械を製造する「アタゴ機械工場」（２０１０）（図８-16）である。株式会社アタゴは光学原理を応用してさまざまな液体の糖度を測定する精密器械を製造する会社である。１９４０年の創立時から増築を重ねてきた旧工場が手狭になったため新工場を建設することになった。敷地は荒川上流の川縁にある畑を造成した緩やかな南斜面にあり、川と緑に溢れた風光明媚な景観を生かしたデザインが求められた。前に紹介した「ＣＩＸＭ家具工場」が社長に認められて設計を依頼された。最初に行った設計作業は増築の繰り返しによって錯綜した旧工場の製造ラインを分析し再構成することだった。金属部品加工、ガラス研磨、組み立て、検査、ストック、梱包、搬入、搬出など多種多様な作業の関係を

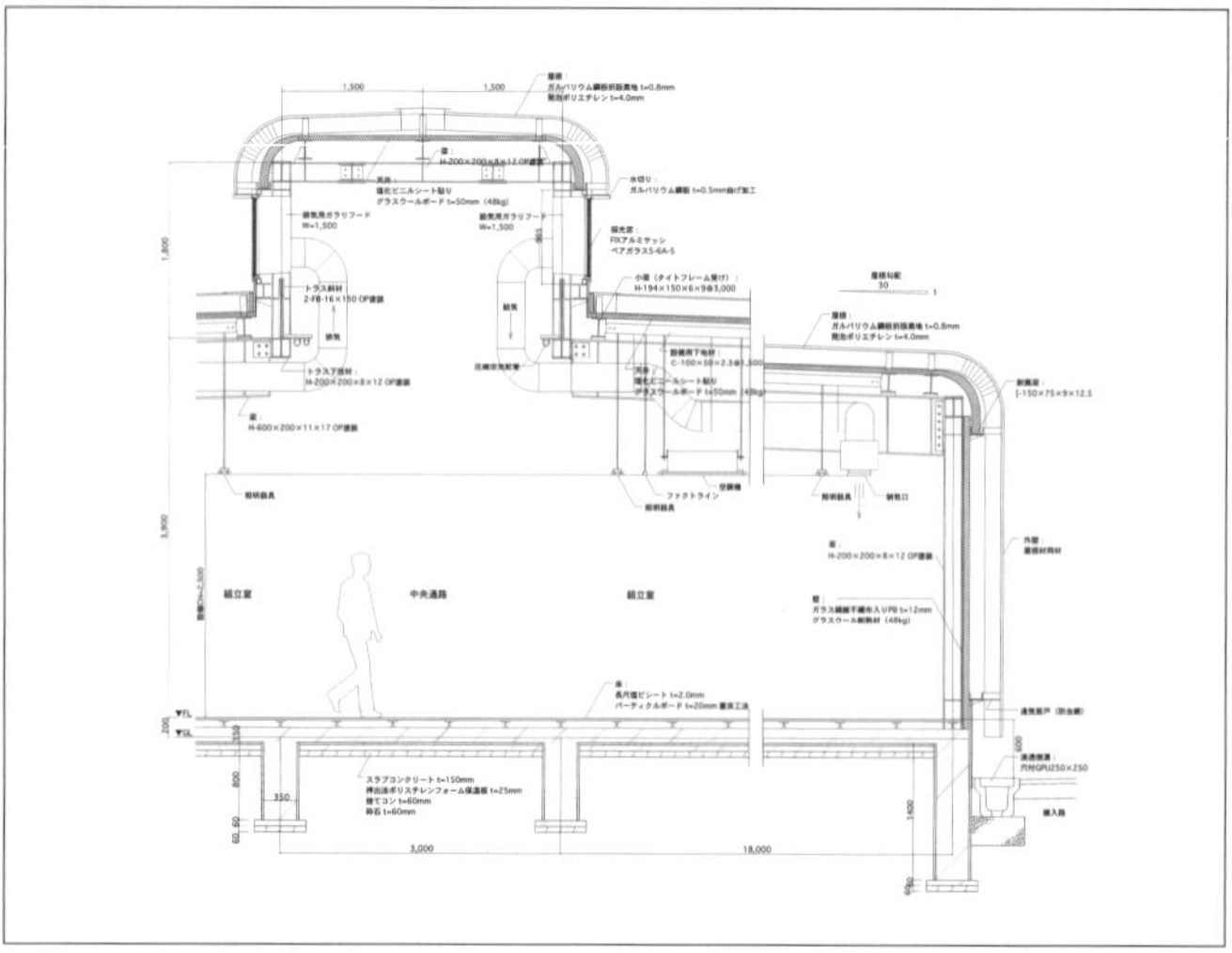

図8-17　「アタゴ機械工場」断面詳細図

整理し、製造ラインのダイアグラムを作成してそれを広大な一室空間内にゾーニングしていった。温湿度調整が必要な作業空間はガラス・スクリーンで囲み、可能な限り一室空間性を確保している。サービスヤードは北側に集め、来客と福利の空間を南面に配置してテラスを介して芝生庭に連続させている。構造とシェルターは水平垂直方向とも「ＣＩＸＭ工場」で採用したコストパフォーマンスの良い３ｍモデュールを採用した。精密機器工場なので複雑な設備システムが要求されたが、将来の製造ラインの変更にフレキシブルに対応できるように各システムを独立させ、メンテナンスが容易なようにすべて露出させている。夏季の日射による熱負荷を軽減するために屋根の棟に豊富な地下水を利用した散水装置を取り付けている。軒樋は取り付けず雨水や散水をそのまま垂れ流し地面に浸透させている。夏季の晴れた日に軒から流れ落ちる散水は周囲から蒸発熱を奪うだけでなく視覚的な清涼感を醸し出す。北側のアプローチ道路から工場全体を見下ろすと川と緑を背景に屋根と壁が連続した銀色のシェルターが浮かび上がる。自然の中に銀色の屋根による対比的な景観デザインである。

4　箱の消防署

旧消防署の建替計画で正式名称は「東京消防庁日本堤消防署二天門出張所庁舎」（２００９）（図8-18〜19）である。敷地は浅草寺境内の東の入口である二天門（重要文化財）の斜め前にある。景観的に重要な位置にあるので東京都設計候補者選定委員会から設計の指名を受けた。二天門との関係に配慮した外観デザインであること。通常の建物よりも高度の耐震性を備えていること。地球環境へ配慮した省エネルギー建築であること。メンテナンスが容易であること。コンパクトで機能的な消防庁舎であることが求められた。北西の角地にあり夏季には北面と西面に直射日光を全面的に受けるため、直射日光を遮断しながらも境内での祭りやイベントを観察できるようにすることが求められた。日射制御は水平ルーバーで行うことが効率的だが、境内には多数の鳩がすみ着いているため水平ルーバーでは鳩の糞害を生じることが分かっていた。このためファサード面によって異

図8-18 「東京消防庁日本堤消防署二天門出張所庁舎」外観

なる日射角に対応した角度の異なる縦ルーバーによって西面と北面のファサードを覆い、この縦ルーバーの表情によって景観に寄与することを考えた。縦ルーバーは外壁に巡らされたメンテナンスウォークの防護柵としても機能し、さらに掃出し引違い窓と組み合わせることによって室内に自然光と外気を十分取り込むことができる。ルーバー材は耐候性に優れた溶融亜鉛メッキ仕上げの鋼板で、静かな表情をもち、時とともに退色して二天門の背景に溶け込むことだろう。基礎を含めて建物全体に外断熱を施し屋根と外壁は通気層を設けたダブルスキン構法としている。消防車のスムーズな出動のために車庫部分は11・４ｍスパンとし耐力壁は側面のみに配置した。内部動線スペースは５ｍスパンに収めて梁成を抑え、その部分に設備配管ルートを確保して梁と配管の緩衝を避け構造と設備の整合性を図っている。こうしてコンパクトな箱型の消防署が生み出されたのである。

1 屋根
断熱ブロック
通気層 t＝25
押えコンクリート t＝80
ポリスチレンフォーム t＝50
アスファルト防水
スラブ t＝180
2 アルミ笠木
3 ケイ酸カルシウム板 t＝12
4 梁500×800（H-500×250）
5 PB t=9.5 AEP
6 PB t=9.5+12.5 AEP
軽量鉄骨下地
7 長尺塩ビシート
スラブ t＝180
8 ポリスチレンフォーム t＝50
9 有孔PB t=9.5 AEP
10 2階スラブ t＝85
デッキプレート t＝50
11 H-150×150×7×10
耐火被覆板 t＝30
12 フェロコンハード
スラブ t＝180
13 防塵塗装
スラブ t＝180
14 防火水槽40t
15 耐圧板 t＝250（防火水槽部）
16 耐圧板 t＝150（一般部）
17 ポリスチレンフォーム t＝50
捨てコン t＝60
防湿シート
砕石地業 t＝60
18 ルーバー上端横桟 L-100×75×10
溶融亜鉛メッキ
19 ルーバー スチールプレート t＝3.2 曲加工
溶融亜鉛メッキ
20 手摺L-50×50×8
溶融亜鉛メッキ
21 ルーバー横桟L-100×100×10
溶融亜鉛メッキ
22 小口 ガルバリウム鋼板 t＝0.4加工
23 水切 ガルバリウム鋼板 t＝0.4加工
24 軒裏
ガルバリウム鋼板角波サイディング
通気層
防水透湿シート
横胴縁スチール□-26×26×1.6@450
グラスウール32kg/㎡ t＝30
25 外壁1
ガルバリウム鋼板角波サイディング
防水透湿シート
横胴縁スチール□-26×26×1.6@450
縦胴縁スチールC-75×45×2.3@600 通気層
グラスウール32kg/㎡ t＝50
26 外壁2
ガルバリウム鋼板角波サイディング
防水透湿シート
横胴縁スチール□-26×26×1.6@450
ケイ酸カルシウム板 t＝12
縦胴縁スチールC-100×50×3.2@600 通気層
グラスウール32kg/㎡ t＝50
ケイ酸カルシウム板 t＝12
27 アルミサッシ
複層ガラス（網入ガラス6.8＋空気層12＋フロートガラス6）
28 歩行用ウレタン塗膜防水
29 アルミオーバードア
30 砕石
31 スチールプレート t＝3.2曲加工
溶融亜鉛メッキ
32 H-148×100×6×9
溶融亜鉛メッキ
33 H-100×100×6×8
溶融亜鉛メッキ
34 スチールグレーチング
溶融亜鉛メッキ品

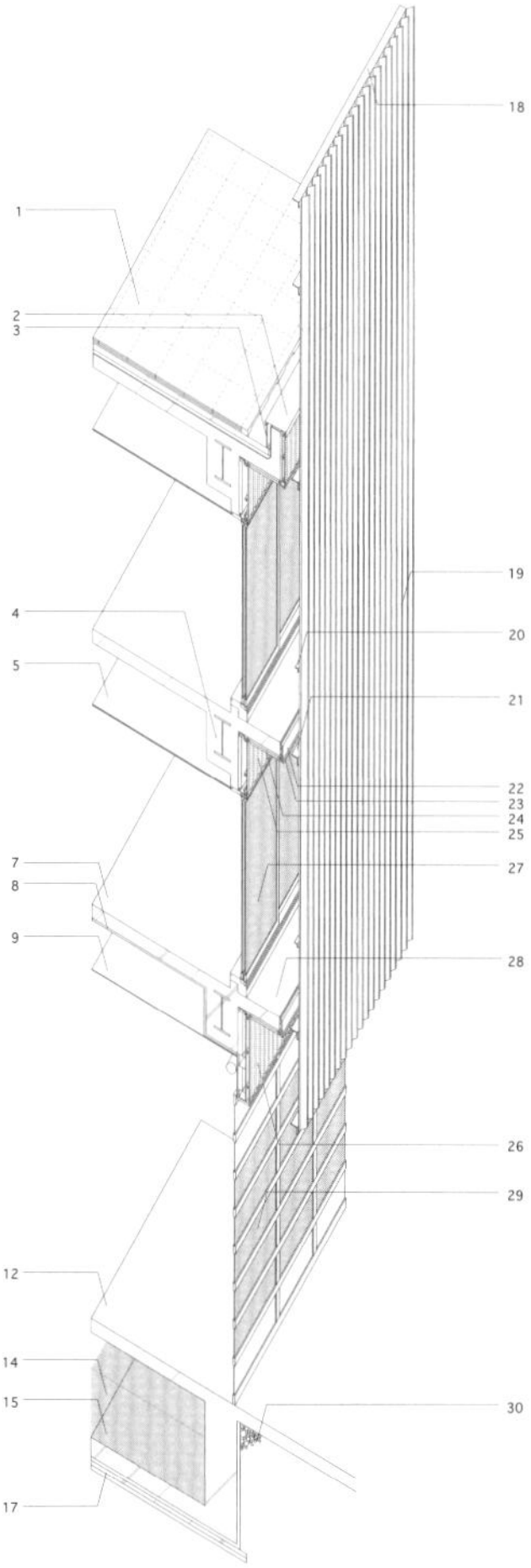

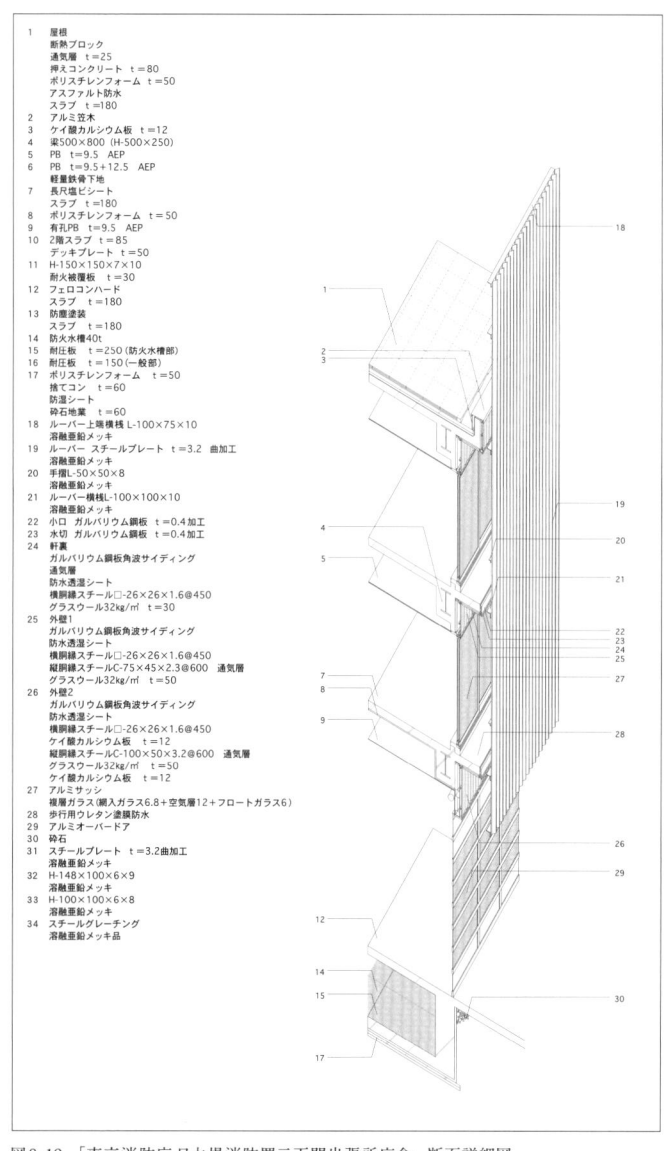

図8-19 「東京消防庁 日本堤消防署二天門出張所庁舎」断面詳細図

終章　箱の家の未来

1　部品化・工場生産化

箱の家ではコストパフォーマンスを高めるために、できるだけ工業生産された建築部品を使うように努めてきた。工業生産された既製品がない場合は工場や作業場で材料を部品化することによって、現場作業を最小限にとどめるために使用寸法や材料仕様を標準化・システム化してきた。箱の家ではこの方向を今後もさらに推し進めていくつもりである。その試みのひとつが第5章で紹介したＭＵＪＩ ＨＯＵＳＥである。これは箱の家の集成材造シリーズをさらに推し進め、徹底した規格部品化によってコストダウンを目指したプロジェクトとして始まった。無印良品のコンセプトに従って構造骨組みやシェルター（外壁、屋根、窓など）だけではなく設備用品までも「ＭＵＪＩ部品化」しようとしていた。しかしＭＵＪＩ ＨＯＵＳＥでは当面のコストを優先するために、やむをえず在来構法を使わざるをえない部位が残された。すでにオープン化され市販されている建築部品は大量仕入れや海外からの大量輸入によってコストダウンが可能になるが、新たに高性能の建築部品を開発することは難しい。さらに多機能部品化によって現場での組み立てをシステム化・合理化したとしても、大工による現場組み立てに対抗できるほどにはコストダウンを達成できない。おそらく1戸の住宅程度の規模ではシステム化の効果をあまり望めないことが明らかになった。こうしてＭＵＪＩ ＨＯＵＳＥでは当初の徹底した工業生産化を達成できないことが分かったので、箱の家の集成材造シリーズにその課題をフィードバックし部品化を推し進めていくことになった。普及版アルミエコハウスや鉄骨造シリーズにおいても同じような方向を目指しているが、その中でも今後の最も重要なテーマは建築システムと設備システムの統合である。集成材造では構造体の現場加工が比較的容易なので配管配線工事には現場でもある程度まで対応できる。しかし鉄骨造やアルミニウム構造では現場加工が難しいので、配管配線システムとの取り合いを前もって計画しておかねばならない。アルミニウム構造では構造部品が中空なのでこの部分を配管配線に利用できる可能性がある。そのような構法の開発を含めて設備システムをいかに合理化・工業生産化するかが箱の家の今後の課題である。

2　箱の家の集合住宅

箱の家の集合住宅は極めて少ない。「箱の家０１６」（図９-１）や「箱の家０４５」（図９-２）は数少ない例である。しかし箱の家は当初から集合化を目指していた。箱の家の多様なバリエーションは集合化した場合の住戸のバリエーションだといってもよい。そのことを明確に意識したのは「実験住宅アルミエコハウス」の開発に携わった時である。それを一般化した「箱の家０８３」（普及版アルミエコハウス）は一戸建ての部品化・システム化住宅としてデザインされている。実

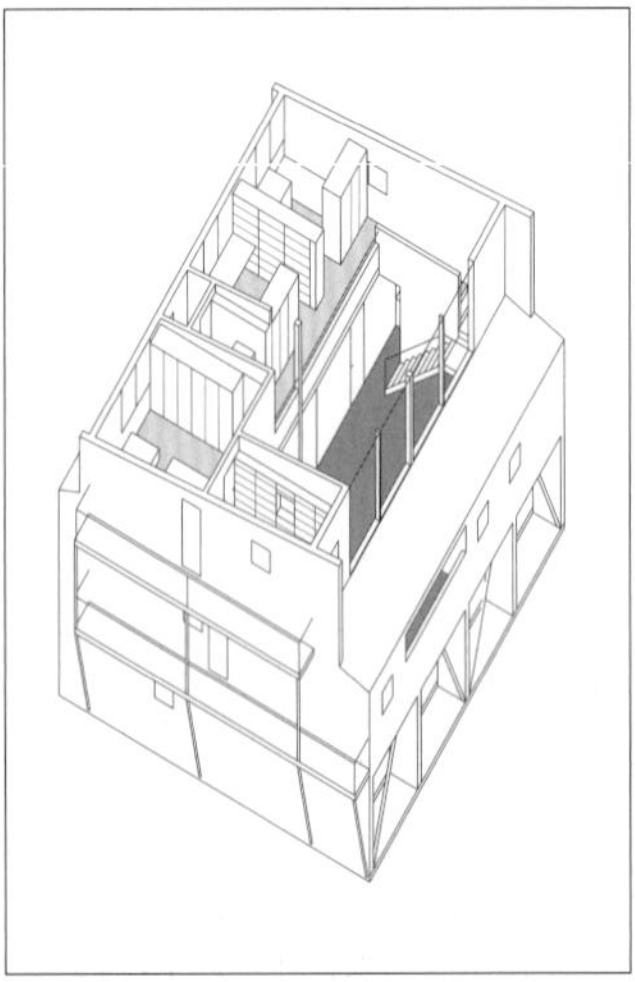

図9-1　「箱の家 016」全体アクソメ図

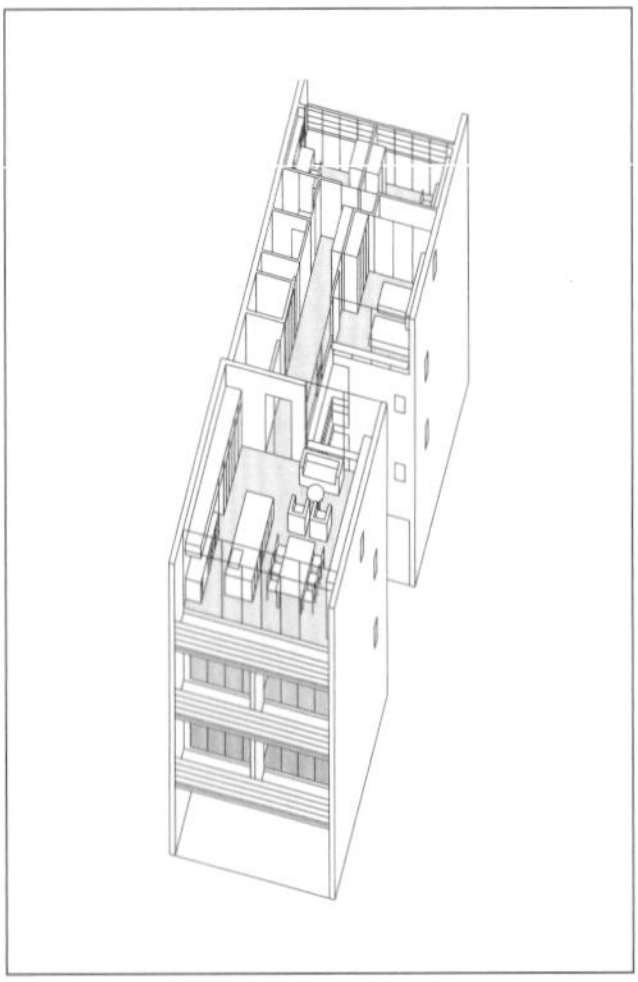

図9-2　「箱の家 045」全体アクソメ図

際に建設してみて分かったことは、アルミニウム構造は人が持ち運びできるほど軽く、しかも簡単に高精度な構造体を組み立てることができることである(図9-3)。アルミニウム構造は素人でも組み立て可能な家具のような構造システムなのである。ただし加工には高い精度が要求されるので構造体の部品化には工場加工が必要である。アルミニウム構造のこのような性質はふたつの展開可能性をもっている。ひとつはＤＩＹ(Do It Yourself)による住宅建設の可能性である。アルミニウム製の構造部品が標準化・システム化されホームセンターや東急ハンズのような店で手に入れることができれば、素人が高精度の構造体を組み立て・建設することができるようになる。将来、他の建築部品、設備部品が工業生産化されるようになれ

図9-3 「箱の家083」アルミの重さ

図9-4 アルミSIシステム 模型

ば住宅すべてを素人で組み立て・建設することができるようになるだろう。ＤＩＹは素人の粗い仕事というのが相場だが、アルミニウム構造はそうしたイメージを払拭し素人でも高精度・高性能の住宅を実現可能にするかもしれない。その展開の可能性は戸建て住宅にとどまらない。もうひとつ集合住宅のインフィルとしての可能性がある。スケルトン・インフィル（ＳＩ）は集合住宅の中で寿命が長く変化の少ない主要構造部分（スケルトン）を公的に建設し、実際の生活に関係する各住戸の多様で個別的な部分（インフィル）を住人が私的に建設するという考え方である。僕の考えでは前述したようなアルミニウム構造の性質はインフィル部分への適用に最も適しているように思える。アルミニウム構造にとっては戸建て住宅よりむしろ集合住宅のインフィルの方がよりふさわしいのではないだろうか。そのようなヴィジョンに基づいて、いくつかのプロジェクトを試みた。まだ実現したものはないが、箱の家の展開型としていつか実現したいと考えている（図9-4）。

3　リノベーションとコンバージョン

箱の家は基本的にサステイナブル・デザインを目指している。「建築の四層構造」からも明らかなようにサステイナブル・デザインは新築の建物だけでなくリノベーションやコンバージョンにも適用される。むしろ既存のストックを生かしながら使い続けることこそサステイナブル・デザインの目指す最終的な目標だといっても過言ではない。残念ながら箱の家にはリノベーションやコンバージョンの事例はわずかしかない。しかし箱の家の考え方はリノベーションやコンバージョンに十分適用できるはずである。たとえば「柳生の町家」もその一例だといってよい。住宅ではないが、ある建設会社の事務所のリノベーションは明らかに箱の家のコンセプトに基づいて実施されている（図9-5）。あるいは「普及版アルミエコハウス」のシステムは極めて軽量なので、荷重を増やすことなく既存の建物内にインフィルとして挿入できる。既存の建物の間仕切りを取り払いフレキシブルな一室空間にした後、軽い間仕切りによって仕切る方法は箱の家のコンセプトそのものであ

図9-5　インフィルリノベーション　内観

る。アルミニウムはスケルトン・インフィル・システムに最もふさわしい構法である。さらにエネルギーに関する箱の家の手法を適用すれば既存の建物をより高性能なものに改善できるだろう。「建築の四層構造」に支えられた箱の家の考え方はリノベーションやコンバージョンにとって不可欠な方法になるはずである。サステイナブル・デザインの基礎理論である「建築の四層構造」に基づいて箱の家のヴィジョンを都市の建築に拡げていくことが、これからの最大の課題である。

4　一室空間について

箱の家の一室空間住居が、現代の家族に対するライフスタイルの提案であることはすでに

第3章で詳しく述べた。この点について別の側面から考えてみよう。現代の住宅設計にとって最も重要なテーマは、今後ますます多様化する家族形態とライフスタイルに対してどのような住宅を提案するかという問題である。これまでの住宅はそのほとんどが夫婦＋子供ふたりという平均的な核家族像に合わせて設計されてきたといってよい。リビング、ダイニング、キッチン、複数の個室を組み合わせたｎＬＤＫという平面プランはハウスメーカーはもちろん分譲マンションにおいても依然として主流を占めている。しかし高齢化・少子化が進むにつれて家族のあり方はさまざまな形態をとるようになった。何よりも大きな変化は夫婦と子供という核家族が主流でなくなったことである。僕たちは核家族が当たり前だと考えているが決してそうではない。第2次世界大戦以前は「家」を中心とする大家族制度が主流だった。核家族という形態は戦後に生まれたものでせいぜい50年程度の歴史しかない。現在、運命共同体としての核家族という像は揺らぎ始めている。共働きの夫婦が増え親と子供の関係も対等になり親から子へという連続性が薄らいでいる。団塊の世代が高齢化し、ひとり住まいの家族が急速に増加している。こうした潮流に対して住空間をどのように再編成すべきかというテーマは現代の都市住宅の最大の課題である。この問題に対して建築家はさまざまな住宅の提案を行っている。核家族の変化に対する建築家の提案は大きくふたつに分けることができるように思う。ひとつはかつての運命共同体としての核家族ではなく家族のメンバーの結び付きが弱まり緩やかな共同体へと変容した家族を包み込むような住宅である。解体に向かっている家族をつなぎ止めようとする住宅といってもよい。もうひとつは家族という集団ではなくあくまで個人を単位とし、その集合としての共同性を提案するような住宅である。居間を中心とする住宅から個室を中心とする住宅への移行といってもよい。両者の提案は対照的だがｎＬＤＫを脱却しようとしている点では共通している。

箱の家は明らかに前者の考え方に基づいている。箱の家が提案しているのは間仕切りのない一室空間住居である。箱の家には閉じた個室はない。したがってプライバシーもない。なぜそのような住空間を提案するのか。それにはいくつかの理由がある。ひとつは箱の家は依然として核家族の重要性を認めている点にある。大きな傾向として見るなら核家族という単位が解体しつつあることは確かである。これによってふたつの問題が生じている。ひとつは単身となった高齢者の生活を誰が支えるかという問題、もうひとつは子供の成長の面倒を誰がみるかという問題である。高齢者に関しては核家族に依存しない社会的なケア・システムは徐々に整備されつつある。しかしながら家族に代わるような子供の社会的な養育システムはいまだに形成されていない。現代では大家族制度が崩壊している以上、核家族という夫婦を単位とする子供の養育共同体は依然として社会を持続させるために不可欠な制度なのである。解体に向かう緩やかな共同体だとしても子供の成長にとって核家族は重要な存在であることに変わりはないのである。箱の家のクライアントはそれを無意識的に直感している。だからこそプライバシーを犠牲にしても家族としての一体感を感じさせるような一室空間住居を求めるのである。

もうひとつの理由として子供の自立にとって果たして個室は必要なのかという疑問がある。一般的に個人の自立は個室の確保と結び付けて論じられる。個室がなければ個人としての自立もあり得ないというのが近代的な住居観である。おそらくこれは西欧の近代化に倣った考え方だろう。しかしその論理は極めて疑わしいと思う。個人の自立という社会的条件を個室の確保という空間的条件に結び付けるのは広い意味での機能主義である。しかし機能主義の論理が通用しないことは歴史的にも明らかな事実になっている。個人の自立と個室の確保とはまったく別の問題なのである。個室の確保が個人の自立を保証するのではない。むしろ開放的な空間においても自己に集中できることが個人の自立なのである。もちろん一室空間の中で各自が勝手な行動をしたのでは生活は混乱するだけである。一室空間的な住居では家族が共有する住まい方のルールが必要不可欠である。話し合いによって住まい方のルールを決めることも個人の自立の重要な条件なのだといってよい。一室空間住居の中で育つ子供は日常生活での体験や両親との話し合いを通じて生活を成立させる暗黙のルールを身に付けていくだろう。共有されたルールとは空間を分節する「見えない壁」である。僕の考えでは自分の力によって「見えない壁」をつくり上げる術を学ぶことが個人としての自立なのである。必要以上に物理的な空間に依存することはむしろ自立を阻害することになると思う。

この問題は家族構成の変化に対して住空間のフレキシビリティをいかに確保するかという課題

図9-7　「箱の家 118」

図9-6　箱の家版：個室群住居「箱の家 067」

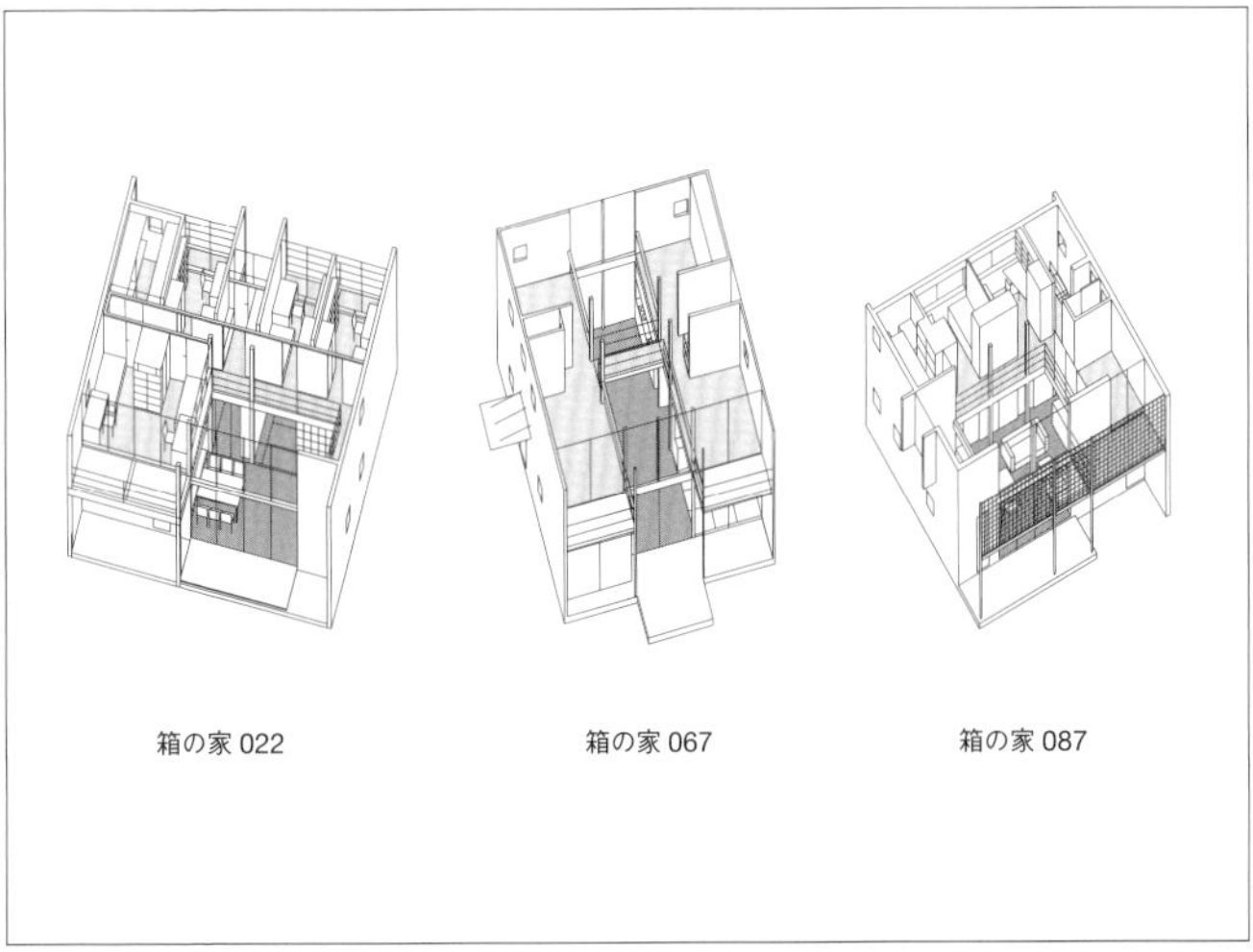

図9-8　箱の家版：個室群住居リスト

とも関連している。建築家が設計する住宅のほとんどが最小限の間仕切りしかもたないのは、この課題に対するひとつの解答だと言ってよい。建築家は壁で仕切るのではなく天井の高さや床の高さの変化、台所、浴室、収納の配置を巧妙に操作することによって、さまざまな住まい方に対応できる住空間を提案している。このようにフレキシブルに対応できる住宅であれば、将来小規模なグループホームにも転用できるだろう。緩やかな共同体としての家族のためにデザインされた住宅ならば、家族でなくても十分に住めるはずである。現代の建築家は戸建て住宅でさえも集合住宅としてデザインすることが求められているように思える。家族のメンバーに専用のコーナーとテリトリーを与えようとする「箱の家版：個室群住居」はその提案である（図９-６〜８）。

5　快適性について

最後に箱の家における〈快適性〉の考え方についてもう一度検討しておきたい。住まいの快適性とは単に室内の温熱環境だけでなく身体的、社会的、心理的、精神的なさまざまな要因が複合して生じる現象である。「箱の家００１」を発表した時、僕は住居の快適性の考え方に関する問題提起を行い、冒頭にドイツのフランクフルト学派の思想家テオドール・W・アドルノの文章を引用した。第２次世界大戦中にアメリカに亡命していたアドルノがモダニズムの立場から不安定な時代の住宅のあり方について論じた文章である。

「言葉の正しい意味で住まうということは、いまや不可能である。わたしたちが育ってきたところの伝統的な住居は、なんともやりきれないものになってしまった。住居のなかの快適さのひとつひとつとひきかえに、認識を犠牲にしてきたのであり、家庭という古色蒼然とした避難所には、家族の利害の調整という黴臭い契約がしみついている。（中略）家は過去のものになった。こうしたもののうちで実際に最善の態度とは、いまもなお、とらわれないこと、宙吊状態をまっとうすることのように思われる。いまでは自分の家でくつろがないことが道徳の要請だといわねばならない。（中略）社会全体が狂っているときに、正しい生活というものはあり得ないのである。」

『ミニマ・モラリア』（テオドール・W・アドルノ著、法政大学出版局、１９７９、一部筆者訳）

これを読んだ箱の家のクライアントから「建築家が主張すべき内容ではない」という主旨の批判を受けた。確かにアドルノの主張はクライアントに対する冒瀆のように読めるかもしれない。しかしよく考えてみると彼の主張はある意味で箱の家のコンセプトを的確に言い当てているようにも思えるのである。戸建て住宅のプロトタイプを目指す箱の家の室内は、間仕切りのない一室空間であり外部の都市空間に対しても開放されている。従って箱の家の快適性は家族のあり方や周囲の都市環境に完全に依存している。箱の家は家族と都市空間をストレートに反映する〈鏡のような住宅〉だと言ってもよい。家族のメンバーがバラバラな生活を送っていたり、劣悪な都市環境の中に置かれた箱の家は単に住みにくい住宅に過ぎない。このように住みやすさに関する一般的な常識とは異なるコンセプトでつくられているにもかかわらず、箱の家が特定のクライアントに受け入れられてきたのはなぜだろうか。

一般的に住まいはクライアントの住まいに対する夢、言い換えればクライアントの幻想に向けてつくられる。もちろん現状の生活を維持するようなリアルな住まいを求める人もいるだろう。しかしそういう人は決して箱の家のクライアントにはならないと思う。当然ながら住まいに求める幻想の具体的な内容はクライアントによってさまざまである。しかしひとつだけ確信をもって言えることがある。箱の家のクライアントの大多数は家族の一体感を感じさせる一室空間的な住居に惹かれているということである。第1章でも述べたように、一室空間住居のコンセプトはクライアントの直接的な要求からではなく僕自身の住体験から抽出された仮説的提案である。もちろん箱の家のクライアントは一室空間住居のコンセプトだけに惹かれているわけではない。箱の家には近隣への開放性、身体的な快適性、自然エネルギーの利用、地震に対する安全性、高度なコスト・パフォーマンス、メンテナンスの容易さ、シンプルな箱型デザインといった多くの特長がある。これらも僕の建築観とデザイン観から生み出されたコンセプトである。これらの条件はばらばらに独立して存在しているのではなく、何らかの関係で結び付いているはずである。そこで僕はこれら一連のコンセプトを関係付け、ひとつのデザインに統合できるような枠組をつくろうと考えた。箱の家に住む家族のあり方や都市環境のコンテクストを含めて箱の家の特長を総合的に位置付けることができるような建築理論である。そのために考案したのが第2章で紹介した「建築の四層構造」のマトリクスである。このマトリクスの理論的な根拠や具体的な内容についてはすでに詳細に論じた。このマトリクスに従えば箱の家のコンセプトとアドルノの主張の関係を明確にとらえることができると思う。アドルノの言う「宙吊り状態」や「自分の家でくつろがないこと」とは第3層の社会的な快適性に関する主張である。「社会全体が狂っているときに正しい生活というものはあり得ない」という最後のフレーズがそれを証明している。しかしアドルノは身体的な快適性や構造的な安全性までも否定しているわけではない。これらは社会的生活を成立させるための前提条件である。さらに言えば社会的な安定性が得られないとしても記号（空間）に対する審美的・倫理的な快適性はそれとは独立に成立している。アドルノならばむしろ不安定な社会生活の状態においてこそ純粋な審美的・倫理的判断の可能性が存在すると主張するに違いない。カントの『判断力批判』によれば第四層の記号性（審美的・倫理的判断）を他の3層から切り離すことが困難であり、そのための努力を強いられれば強いられるほど、それが達成されたときに得られる審美的・倫理的な快適性は大きくなる。審美的・倫理的な快適性は物理的存在としての住宅に内在する属性というよりも、住宅に働きかける住み手の能動性によってもたらされる。要するにクライアントは与えられるのではなく自らの努力によって記号性を制御することによって、より高いレベルの快適性を獲得するのである。箱の家においてはデザインプロセスの段階からコスト・パフォーマンスを達成するための要求条件の優先順位を決定する努力が要求される。そうしたプロセスを経て達成される構造的安全性、身体的快適性、メンテナンスの容易性といった技術的課題の解決は万全である。しかし一室空間住居や都市空間への開放性という社会的・生活的条件に関しては、住み手である家族が互いに話し合い住み方の作法と規則をつくる努力をしなければ住みこなすことは難しい。箱の家が興味深い住居なのは家族の一体感という幻想から出発しながら、実際の生活においては住みこなすために家族相互の話し合いが必要であり、その努力が家族の一体感を強化するというフィード・フォワードを促す点にある。そしてそれこそが箱の家が目指している本質的な快適性なのである。

まとめよう。住居の快適性とは住居から住み手へと一方向的にもたらされるような現象ではない。そうではなく住み手が住居に働きかけ、住居とともに住み手自身が変化し、住居と住み手がひとつの精神生態学的なシステムを形成した時にもたらされる現象である。真の快適性とは、積極的に住居に働きかけることによって自分自身も変わっていく達成感を含んでいるのである。

6　近未来エコハウスの条件

前にも述べたように環境性能の改良だけがエコハウスの条件ではない。そこで今後、箱の家シリーズがエコハウスへと進化するために取り組むべき課題を整理しておこう。

近未来エコハウスの最初の条件は職住近接住居である。箱の家は都市住宅のプロトタイプを目指しているが、働く場所を取り込まなければ本当の意味でのプロトタイプにはならないだろう。職住近接住居は職場への移動時間とエネルギーを削減する。職住が一体であれば昼夜のエネルギー消費が効率化され、燃料電池など先進的なエネルギーシステムを導入できる可能性が高まる。「箱の家０３４」（１９９９）は箱の家にＳＯＨＯを組み込んだ初期の試みだが、「箱の家１１２」（２００６）ではデザインアトリエを取り込んだ本格的な職住近接住居を実現できた。職住近接住居が集合住宅化されれば、さらに有効なエコハウスの条件になるだろう。

「箱の家版：個室群住居」は戸建て住宅を一種の集合住宅として設計する試みである。箱の家は一室空間住居を基本的なコンセプトとしている。一室空間住居は若い夫婦と小さな子供の家族にふさわしい。しかし成熟した家族に対しては一室空間を少し分化させ家族のメンバーがそれぞれのテリトリーをもつことが望ましい。「箱の家版：個室群住居」とは、共有空間に開かれたアルコーヴのようなコーナーの集合をもつ箱の家である。これはライフスタイルの変化にも適応しやすく、最終的には仲の良い友達が集住する集合住宅として生き延びていくことができるだろう。前に紹介した「箱の家０２２」「箱の家０６７」「箱の家０８７」はまだ完成した形ではないが、その試みである。

箱の家を実際の集合住宅へ展開していくことも大きな課題である。「箱の家０４５」は小規模な集合住宅だが、屋上緑化と外断熱のＲＣ造とすることによってエネルギー消費を大幅に抑えることができた。「箱の家１１８」（図９-７）はＮＰＯ法人が運営するギャラリーと事務所を備えたグループホームの一種で新しいタイプの箱の家である。この種の都市型集合住宅は今後ますます増えていくだろう。「箱の集落」は都市住民の特定のライフスタイルを想定した賃貸集合住宅の計画案である。地盤条件や若者向けというライフスタイルに合わせて高気密高断熱でありながら熱容量を最小限に抑えている。その理由は不確定な生活時間に対して温熱環境を素早く適応させるためである。住宅の環境性能は物理的な条件だけでなく家族構成やライフスタイルといった社会的な条件と密接な関係をもっていることを忘れてはならない。

最後に、建築の四層構造に従って、近未来エコハウスの課題を整理しておこう。

・第一層：物理性　　　：工業部品化の徹底、乾式構法とリサイクル・リユース、外断熱構法
・第二層：エネルギー性：太陽熱利用、自然換気と通風制御、輻射冷暖房、熱容量制御、燃料電池
・第三層：機能性　　　：箱の家版：個室群住居、職住近接住居、都市型集合住宅
・第四層：記号性　　　：個別解の追求、環境への対応、街並との連続性、都市への開放性

エコハウスとは近未来のコンパクトシティを見据えた都市住宅である。ネオリベラリズムとグローバリゼーションが進行し、あらゆる事業が民営化されていく時代にあっては、商業建築と並んで都市住宅は政治的にも経済的にも大きなテーマとなりつつある。現在ではもはや個人性と公共性、コマーシャリズムと公共性といった旧来の二項対立は成立しない。個人所有を原則とする日本の税制度はこれからも戸建て住宅の建設を促進し続けるだろう。従って戸建て住宅も都市や街並を見据えて設計されねばならない。さらに大極的に見るならコンパクトシティの都心居住は集合住宅を中心に展開すべきであることは明らかである。しかし昨今の超高層マンション建設ラッシュは単に地価の高騰に引きずられた経済的現象に過ぎないように思える。僕たちはコンパクトシティの視点から超高層マンションのあり方を再検証すべきではないだろうか。ポストモダニズム論者たちは現在では経済の中心は生産から消費へと移行した金融の時代であり都市現象はすべて記号化・映像化されていると主張する。しかし古い何かが終わり新しい何かが生まれるという発想はそもそもモダニズムに端を発している。むしろ現在はそれまでの生産重視の発想の上に消費的・金融的発想が重ね合わされたのだととらえるべきである。すなわちポストモダニズムはモダニズムの延長上にありモダニズムが昂進された状態だといってよい。「建築の四層構造」は昂進されたモダニズムにふさわしい重層した都市住居をとらえるためのマトリクスであることを最後に確認しておきたい。

おわりに

箱の家がスタートしたのは１９９５年である。それから２０１５年でちょうど20年になる。１９９５年は年始に阪神・淡路大震災が発生し、3月にはオウム真理教による地下鉄サリン事件が勃発した。さらに10月にはマイクロソフト社からＷｉｎｄｏｗｓ95が発売され本格的なインターネット時代が始まる。このように１９９５年は現代史では極めて重要な年だが、偶然とはいえ僕の個人史にとっても「箱の家００１」が完成しただけでなく、年始に母が、年末に父が亡くなった記憶に残る年になっている。

こうした一連の出来事と箱の家の誕生には、直接的な関係は何もないように思える。しかし少し視界を広げて見ると、微かな関係が浮かび上がってくる。「箱の家００１」の敷地は倒産した小さな工場の跡地だった。その工場の社長は１９８０年代のバブル期に不動産投機に手を出したが、失敗して銀行からの借金の抵当に入れていた工場とその土地を手放さざるを得なくなった。その土地はしばらく銀行の管理下に置かれていたが、バブルが弾けた後の１９９０年代に都心の地価は急激に値下がりした。通常ならばサラリーマンが買えるような土地ではなかったが、たまたまその銀行に勤めていたクライアント夫人が優先的に土地を購入することができた。そして土地購入で残ったギリギリの予算で「箱の家００１」が実現したのである。

日本の高度経済成長は１９７３年のオイルショックで終焉したといわれている。しかしながら戦後生まれの団塊世代が一斉に婚期に入ったのは１９７０年代であり、この時期に日本の住宅建設戸数は最高潮に達する。建設産業の景気は一足遅れでやってくる。消費社会というキーワードによって表層のデザインが競われるようになるのはこの時代である。１９７０年代末に日本のＧＤＰは世界2位にまで登りつめ、１９８０年代初期には「ジャパン・アズ・ナンバーワン」といわれるようになる。１９８５年のプラザ合意以降に日本は本格的なバブル経済に突入する。鄧小平が先導した１９７９年の中国の社会主義市場経済への参入、英国のサッチャー首相や米国のレーガン大統領による新自由主義経済への転換が日本のバブル経済を後押しする。１９８９年には東西冷戦が終焉し、同年末に東京証券取引所の株価は史上最高の３９、０００円近くにまで達する。しかし翌１９９０年に入るとバブル経済は一気に弾け、それ以降の日本は「失われた20年」の暗黒時代に突入するのである。

箱の家のコンセプトはバブル経済終焉後の時代の気分を反映しているように思える。ローコストであることは言うまでもないが、家族のあり方を見直そうとすることや、消費社会の表層デザインに終始した住宅に対する反省もあるかもしれない。総じて箱の家は住宅のあり方を足元から見直そうとする住宅である。

このように見ると「箱の家の20年」は「失われた20年」に重なっているようにも思えてくる。では２０１１年の東日本大震災と安倍晋三政権によるアベノミクスによって、日本社会は「失われた20年」から脱却することができるだろうか。そしてそれは箱の家のコンセプトの転換を求めているのだろうか。その前提条件を見極めたいと考えたのが、本書をまとめた大きな動機である。

３・11が箱の家について考え直す大きな契機となったことは間違いない。しかしそれ以上のことは、僕にはいまだにはっきりとは見えてはいない。

（２０１５年6月10日記）

クレジット一覧

●写真・図版提供

平井広行　49ページ図2－5
平山忠治　28ページ図1－8、30ページ図1－9、76ページ図3－7
村角創一　76ページ図3－8
川澄明男　76ページ図3－9
大野勝彦　128ページ図5－7
株式会社MUJI HOUSE　132ページ図5－9
上田宏　134ページ図5－10、145ページ図6－1、154ページ図6－4、図6－5、199ページ図8－15、図8－16
前川建築設計事務所　169ページ図7－5
積水ハウス株式会社　172ページ図7－6
藤塚光政　174ページ図7－8、180ページ図7－16
芳賀沼整　180ページ図7－14
Foster+Partners Ltd.　188ページ図8－8
坂口裕康　191ページ図8－10
＊特記なきものは難波和彦+界工作舎

●出典

難波和彦著、『戦後モダニズム建築の極北　池辺陽試論』彰国社、1999　28ページ図1－7、図1－8、30ページ図1－9、図1－10、図1－12
マルク＝アントワーヌ・ロージェ著、三宅理一訳、『建築試論』中央公論美術出版、1986　67ページ図3－1
ロバート・クローネンバーグ著、牧紀男訳『動く家―ポータブル・ビルディングの歴史』鹿島出版会、2000　69ページ図3－3
藤原辰男著、『ナチスのキッチン』水声社、2012　70ページ図3－4
『ジャン・プルーヴェ』TOTO出版、2004　71ページ図3－5

Buckminster Fuller, *Your Private Sky*, Lars Muller Publishers, 2001 72ページ図3－6

萩原修著、『9坪の家』廣済堂出版 2000 76ページ 図3－8

George Nelson, *George NELSON-Architect, Writer, Designer, Teacher*, Vitra Design Museum 2008 126ページ 図5－5

建築文化別冊『日本の住宅戦後50年』彰国社、1995 128ページ、図5－7

ル・コルビュジエ著、吉坂隆正訳、『モデュロール』美術出版会、1960 132ページ 図5－8

宮脇檀著、『日本の住宅設計 作家と作品』彰国社、1976 169ページ 図7－5

鈴木成文著、『五一C白書』住まいの図書館出版局、2006 172ページ 図7－7

●編集協力

南風舎

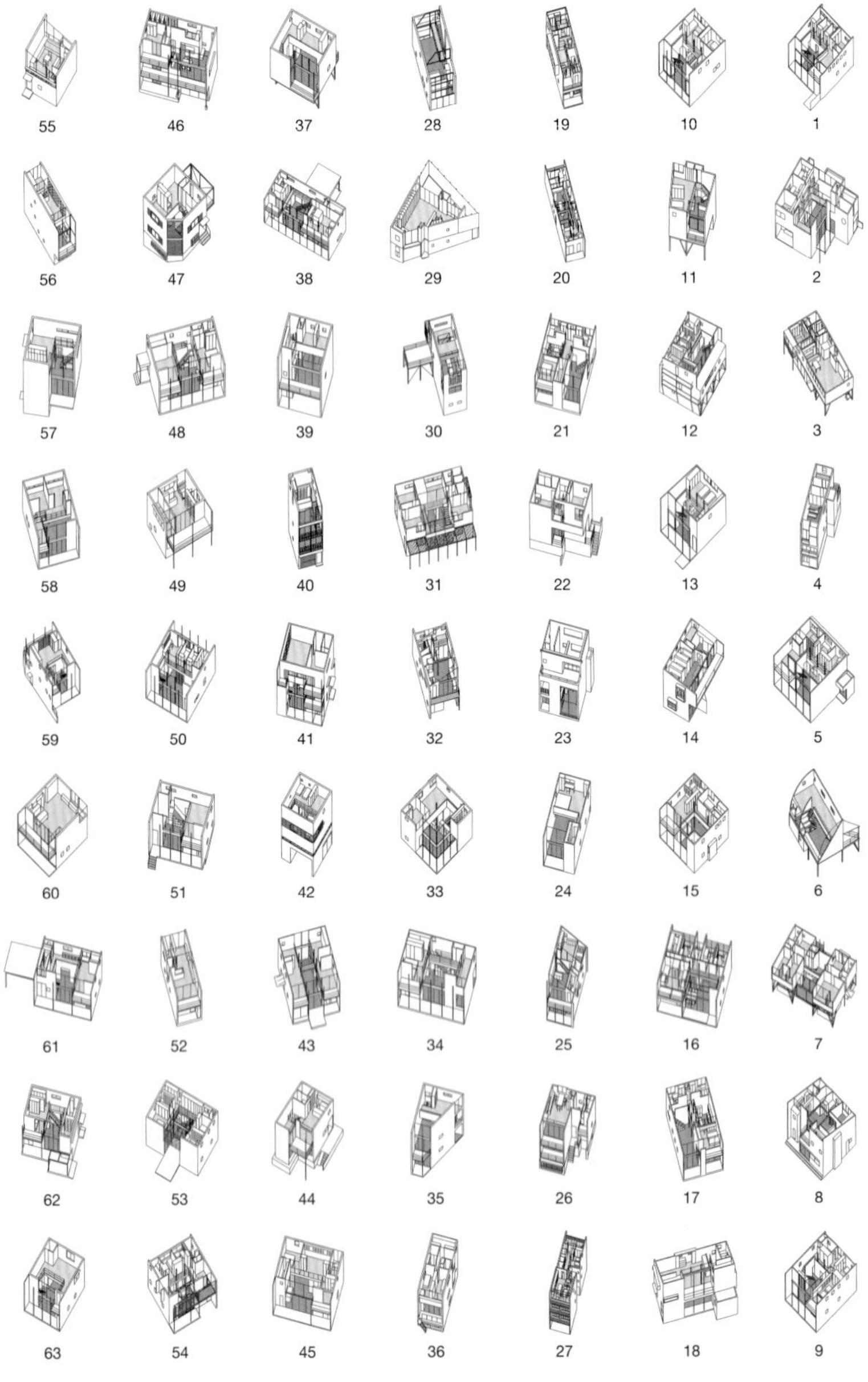
55 46 37 28 19 10 1
56 47 38 29 20 11 2
57 48 39 30 21 12 3
58 49 40 31 22 13 4
59 50 41 32 23 14 5
60 51 42 33 24 15 6
61 52 43 34 25 16 7
62 53 44 35 26 17 8
63 54 45 36 27 18 9

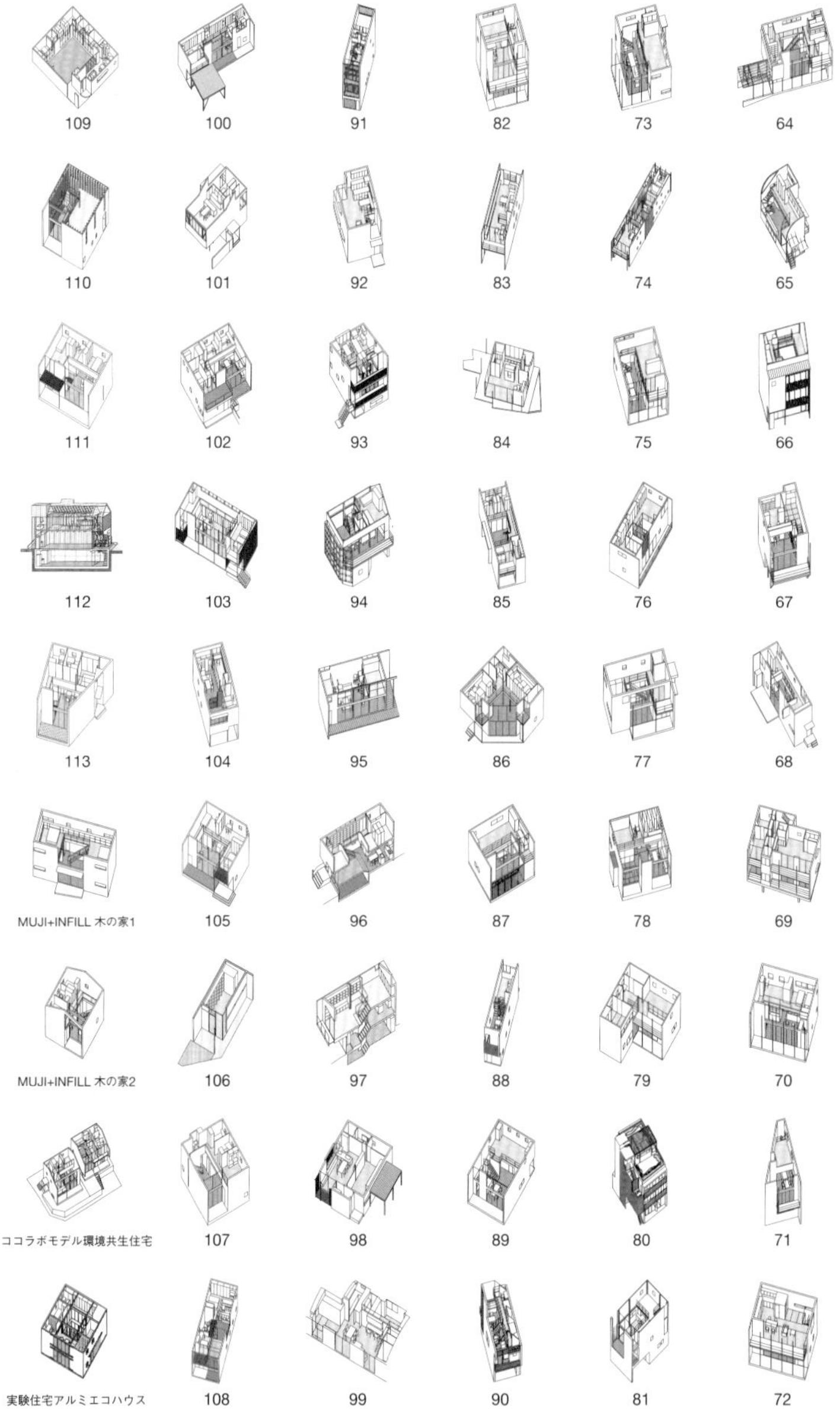

109　100　91　82　73　64

110　101　92　83　74　65

111　102　93　84　75　66

112　103　94　85　76　67

113　104　95　86　77　68

MUJI+INFILL 木の家1　105　96　87　78　69

MUJI+INFILL 木の家2　106　97　88　79　70

ココラボモデル環境共生住宅　107　98　89　80　71

実験住宅アルミエコハウス　108　99　90　81　72

難波和彦(なんば・かずひこ)

1947年大阪生まれ。1969年東京大学建築学科卒業。1974年同大学院博士課程修了。2000年大阪市立大学建築学科教授。2003年東京大学大学院建築学専攻教授。2010年〜東京大学名誉教授、放送大学客員教授。一級建築士事務所㈱難波和彦・界工作舎代表、工学博士。

主な作品に「直島幼児学園」、「直島町民体育館」、「54の窓」(1975)、「田上町立竹の友幼稚園」(1977)、「箱の家シリーズ」001〜(1995〜継続中)、「なおび幼稚園」(2004)、「カッシーナ家具工場」(2005)、「浅草二天門消防支署」(2006)、「アタゴ深谷工場」(2011)がある。

著作に『戦後モダニズムの極北:池辺陽試論』(彰国社、1999)、『箱の家──エコハウスをめざして』(NTT出版、2006)、『建築の四層構造──サステイナブル・デザインをめぐる思考』(INAX出版、2009)、『東京大学建築学科 難波和彦研究室全記録』(角川学芸出版、2010)、『新しい住宅の世界』(放送大学教育振興会、2013)など多数。

新建築吉岡賞、住宅建築賞、東京建築賞、「健康な住まい」コンテスト優秀賞(全て1995)、日本建築士会連合会業績賞優秀賞(2000)、JIA環境建築賞(2004)、日本建築学会賞業績賞(2014)他多数を受賞。www.kai-workshop.com

TOTO建築叢書 7

進化する箱

箱の家の20年

2015年9月18日 初版第1刷発行

著　者 難波和彦
発行者 加藤 徹
発行所 TOTO出版(TOTO株式会社)
〒107-0062 東京都港区南青山1-24-3 TOTO乃木坂ビル2F
[営業] TEL. 03-3402-7138 FAX. 03-3402-7187
[編集] TEL. 03-3497-1010
URL: http://www.toto.co.jp/publishing/

印刷・製本 大日本印刷株式会社

ISBN978-4-88706-353-2